学前音乐教育理论与活动实施研究

姚骁倩　著

中国纺织出版社有限公司

图书在版编目（CIP）数据

学前音乐教育理论与活动实施研究 / 姚骁倩著 . --
北京：中国纺织出版社有限公司，2022. 10

ISBN 978-7-5180-9975-7

Ⅰ. ①学…　Ⅱ. ①姚…　Ⅲ. ①学前儿童—音乐教育—
教学研究　Ⅳ. ①G613. 5

中国版本图书馆 CIP 数据核字（2022）第 199293 号

策划编辑：韩　阳　　责任编辑：郭　婷
责任校对：江思飞　　责任印制：储志伟

中国纺织出版社有限公司出版发行

地址：北京市朝阳区百子湾东里 A407 号楼　邮政编码：100124

销售电话：010—67004422　传真：010—87155801

http://www. c-textilep. com

中国纺织出版社天猫旗舰店

官方微博 http://weibo. com/2119887771

天津千鹤文化传播有限公司印刷　各地新华书店经销

2022 年 10 月第 1 版第 1 次印刷

开本：710×1000　1/16　印张：13

字数：200 千字　定价：58. 00 元

前 言 *PREFACE*

　　教育事业一直是我国总体发展中重要的一项内容。教育的初始阶段就是学前教育阶段，学前儿童教育对人三观的塑造起到非常重要的作用。对儿童的身心发展影响都是非常深刻的，如儿童的个性、语言表达、道德品质等。学前教育阶段为儿童之后的学校教育打好基础，让儿童对知识有了一个初步的了解和认识。把儿童的学前教育比作人生的起跑线一点不为过，接受过好的学前教育的儿童在综合素质发展上往往优于没有接受过学前教育的儿童，这个阶段的教育对人的一生起到启发的作用。因此，提高学前教育的教学质量是非常有意义的。

　　学前教育阶段的音乐教育，属于学前教育五大教育领域中的艺术教育领域，对儿童的美育教育起到非常重要的促进作用。是一门培养儿童审美能力和欣赏能力的关键课程。音乐教育除了可以培养儿童的审美能力，陶冶儿童的情操以外，更重要的是可以启发儿童的音乐天赋，提升他们对音乐的兴趣，同时提高儿童的音乐综合素质，实现德、智、体、美、劳的全面发展。为儿童的成长起到积极的促进作用。

　　我国的学前阶段正规的音乐教育的发展历史不长，随着近几年我国教育的迅速发展，音乐教育的整体水平也得到了大幅的提升，但是与一些音乐教育发达国家相比还是相对有些薄弱。目前我国的学前教育阶段的音乐教育还有很多地区和教师更重视音乐基础知识和相关技术技能的教育，忽视了儿童的音乐兴趣和音乐情感的启蒙。因此，我国的音乐教育还需要进一步提升教育理念。基于此，笔者撰写了《学前音乐教育理论与活动实施研究》一书。

　　本书内容共有五章，从理论到实践依次展开，分别对学前儿童音乐教育中所涉及的问题进行了分析和论述。第一章是对学前儿童音乐教育理论的分析，主要包括学前儿童音乐教育的内涵与价值、理念与实践、施行等。第二章分析了学前儿童音乐教育的支柱体系，如奥尔夫学前音乐教学体系、柯达伊学前音乐教学体系、达尔克罗兹学前音乐教学体系。第三章是对学前音乐

教育的教学活动的分析，包括其基本理论分析与具体的活动设计指导实践。第四章是对学前音乐教育现代化方法的分析，其中提到了目前比较常用的多媒体技术、翻转课堂、微格教学等。第五章则是对学前儿童音乐教学评价的分析，重点分析了评价的内容、标准与方法。

本书从理论到实践，涉及学前儿童音乐教育的方方面面，具有全面性与实用性，从事学前儿童音乐教育的人都可以从中找到参考和借鉴。需要注意的是，学前阶段的儿童年龄较小，他们的身心发展还不够成熟和稳定，具有他们这个时期的特殊性，这就要求学前阶段的音乐教师不仅要掌握良好的音乐技能，还要对儿童的心理发展非常的了解，并且逐渐在教学过程中总结经验、解决问题、提升自己的教学方式，提高儿童的学习和参与积极性，促进儿童的综合发展。

本书在写作过程中，参考了许多相关的学术著作与论文，在此向其著作者表示由衷的感谢。同时，对于本书中存在的诸多问题，也希望各位读者能够予以谅解。

作　者

2022 年 3 月

目 录 CONTENTS

第一章

学前儿童音乐教育概述

音乐教育和其他学科一样，可以促进学前儿童的德、智、体、美、劳的全面发展，但是必须是充分发挥其学科特点，才能有效地发挥其真正的教育意义。才能成为培养学前儿童一个有效的途径和领域。音乐教育可以启发学前儿童的情感体验，需要运用音乐本身所具有的情感性、感染性和愉悦性来实现，是实现美育教育的一种艺术教育学科。本章根据相关的理论知识来论述学前儿童音乐教育。

第一节　学前儿童音乐教育内涵与价值

一、学前儿童音乐教育的内涵

在论述学前儿童音乐教育的内涵之前，我们先要明白儿童音乐发展的三大系统与阶段，以下分别进行论述。

（一）儿童音乐发展的三大系统与阶段

1. 儿童音乐发展的三大系统

H. 加登纳认为，要想理解儿童的艺术发展就需要理解生命过程中的三大系统：制作（making）系统、知觉（perceiving）系统和感受（feling）系统。制作系统的产物是行动（action），而行动是指向目的的，不只是单纯的身体运动；知觉系统的产物是识别（distine-tion），从音乐学习的角度来说，是对各种音乐形式样式的辨别、确认；感受系统的产物是情感（afection），在音乐学习的过程中，学前儿童在参与中表现出情绪、情感反应，如从自然状态逐渐变得非常兴奋快乐，从紧张状态逐渐变得舒展松弛等，这些都是在积极

参与的状态下的表现。对于学前儿童音乐学习，有关感受系统可以从两个方面进行理解：第一，要想让学前儿童在学习音乐的过程中得感受到愉快的情绪，需要引导学前儿童直接体验音乐作品本身的所要表现出的情绪、情感，这样，儿童的感受系统功能能够得到最好的发挥；第二，作为音乐教师要追求的是让学前儿童在学习音乐的教育环境中感受到愉悦，并能够发挥学前儿童的知觉系统与制作系统的功能。因此，对音乐教师的音乐教学活动设计方式提出了较高的要求，要能够足够吸引学前儿童的注意力，引起他们的学习兴趣，让他们能够愉悦地进入学习状态。三大系统整合、相互作用、产生动态合理是促进音乐发展的过程，怎样使这三大系统产生合力是学前音乐教育所要努力的方向。审视一下目前我国音乐教育的一些现状，经常会有这样的场景：教师一味死板地传授音乐知识和技能，缺失了感受系统的参与，让学习者丧失学习兴趣；音乐学习中缺失活动参与，没有身体律动的音乐学习，知觉单一，枯燥乏味缺乏感受，缺失了制作系统；教师组织音乐教育活动过程中看似热热闹闹，实则乱哄哄，缺乏活动设计，没有音乐语汇的支撑，缺失知觉系统。因此，三大系统是一个整体，需要相互融合。

2. 学前儿童音乐发展的三个阶段

H. 加登纳通过长期对几种艺术领域学科的研究，把儿童从出生到青年期（20 岁）的审美感知发展分为了五个阶段。我们要研究的是学前儿童，因此，我们介绍一下 H. 加登纳早在 20 世纪 70 年代初的研究成果。当时他把儿童的艺术感知发展分为三个阶段：

第一阶段：（0~1 岁）前符号阶段。

在这一阶段，儿童的艺术感知特征是感官原动性，即感知能力没有进行分化，也就是艺术感知能力没有从感知能力中分离出来，音乐的呈现只是一般的刺激物，促进的是一般感受能力，这个阶段的儿童还不能欣赏音乐作品，没有审美的能力。这个阶段对音乐的偏爱都是本能的。

第二阶段：（2~7 岁）符号运用阶段。

（1）沉浸在符号媒介中，形成符号系统。在学习音乐过程中，不能形成连贯的乐句，不能把音乐旋律音调的高低起伏与自己的经验情景相联系，只是学习基本单一的节奏。

（2）对符号的探索与扩大。在学习音乐的过程中，能够连贯灵活的演唱，可以尝试进行演奏活动，能够感受到音乐的主题。

（3）审美形式感形成。在学习音乐的过程中，能够发现掌握乐句间的不同和音乐形式的变化，这个阶段学前儿童可以借助音乐符号来间接的理解人物、情感，开始对音乐表达的内容感兴趣，但是对音乐风格和音乐个性缺乏注意。

第三阶段：（8岁后）继续进步与可能的退步阶段。

8岁开始进入艺术发展的分水岭。8岁前，如果儿童是在三大系统的合力作用下得到了全面的音乐刺激，形成了基本的音乐经验，那么，8岁后能够继续发展他们的音乐才能，会通过音乐学习的获得更加自信，音乐感受更丰富，并且向深度方向发展。儿童可以根据音乐形式样式自如的进行音乐创编活动，并能够这这个过程中体现出自己内在的兴趣和对音乐的感受力，体现儿童对音乐情绪和情感的敏锐性。儿童8岁前与8岁后音乐学习的区别是：8岁前是积累阶段，把前一个阶段的音乐经验积累起来，就好比做一件陶瓷品，要想做大，就得先用泥坯把形状定型；8岁以后是音乐经验质的深化期，音乐经验的积累到达一定程度后，开始强调音乐的不同表现手法。也就是在定型好的陶瓷品上做不同的细节性的精致的装饰。最后，这件陶瓷品是否精细，就需要看细节，但是无论是否精细，它都是一件陶瓷品。

但是令人遗憾的是，8随后大量的儿童的艺术感包括音乐感是大踏步逐渐退化的，追其原因是因为8岁后，儿童在人格发展上出现了自我意识快速增强、自我批判意识逐渐形成等，对音乐的知觉能力和感受能力大幅下降或缺失，没有通过对音乐的感知、感受和创编过程形成音乐经验，许多儿童的音乐经验没有达到一定量的积累，沿用之前的比喻来解释，就是8岁前没有用泥坯做成陶瓷品。造成这种情况的原因可能有：

第一，在学习音乐的早期阶段，过多过早的让儿童学习鼓噪的音乐知识和技能，让儿童失去了学习音乐的兴趣，儿童不愿意参与到音乐学习和活动中来，无法获得音乐经验，缺失了感受系统的参与。

第二，在儿童学前音乐的过程中，音乐教育者缺乏音乐教育能力和音乐素养，他们不能引导儿童学习感受音乐的形式和样式，也就是无法引导儿童学习感受形成音乐符号系统，而是只是引导儿童学习表象知识，比如歌曲歌词内容设计的知识、简单的律动动作等。儿童使用了知觉系统，但是没有发挥音乐知觉的功能，儿童所知觉的内容不是音乐样式，思维也不是音乐思维，无法形成有效的音乐经验。所以缺乏音乐知觉系统的参与。

第三，很多儿童的音乐学习更多的是通过静静地倾听的方式，这样的学习音乐的方式也仅仅只对少数成年人有效，对儿童的音乐学习效果微乎其微，儿童没有足够的制作经验的积累让其达到制作行为的内化水平。因此音乐学习缺乏制作系统的参与。

（二）学前儿童音乐教育的释义

学前儿童音乐教育是一门包含学前儿童音乐心理发展、音乐学习特征、规律以及学前儿童音乐教育实施的学科。学前儿童音乐教育是学前教育艺术教育领域中的一项重要内容。学前儿童音乐教育是实现学前教育总目标的一部分，它的实施既遵循学前教育的一般规律，又体现自身学科的特殊规律——用音乐教育儿童和教儿童音乐。

其一，学前儿童音乐教育可以让儿童学习了解基本的音乐符号和音乐表现手段，掌握一般的演唱和演奏技巧，学会感知音乐、理解音乐和创编音乐，培养儿童的音乐素养，提高儿童的学习兴趣，发展儿童的音乐能力。因此，学前儿童音乐教育承担着一些音乐本身的教育意义。

其二，儿童在学习音乐的过程中，不仅学习音乐本身的内容，如音乐基础知识、认识音乐符号、感受音乐律动、获得音乐感受的过程。还是儿童在身体、思维、智力、个性、情感和社会性等多方面的综合学习发展的过程。通过音乐教育，可以促进儿童的全面发展，培养儿童健全的人格，真正实现学前儿童音乐教育的实施目标。因此，音乐教育是学前教育阶段实现全面教育的手段之一。

通过音乐实施教育来促进儿童的全面发展，在教给儿童基本的音乐知识、音乐技巧、音乐情感表现等音乐本身的内容外，更重要的是丰富儿童的精神、启迪儿童的心灵，赋予音乐教育更多的教育价值。古今中外许多的哲学家、思想家、教育家对此进行了精辟的论述。孔子曾经这样说："兴于诗，立于礼，成于乐。"他是这样认为的，音乐艺术熏陶能够达成仁人君子的修身养性的功能，音乐可能融合、协调人的知识、促进人的综合整体全面发展。古希腊著名哲学家德谟克利特也认为，改变人、造就人一项重要的手段就是音乐，他主张学前儿童音乐教育不仅要重视天赋，还有勤学苦练，在学习的过程中既学习音乐知识和技能技巧，又培养意志品质。20世纪日本著名音乐教育家铃木镇先生的观点更是强调了音乐教育的过程是培养和锻炼儿童坚韧不拔、刻苦努力、坚持不懈等优秀品质的重要教育手段之一，对其受益一生。

所以，无论是在古代还是现在，音乐教育都是作为培养人整体发展的途径和手段之一。因此，在对学前儿童阶段实施音乐教育的教育过程中要遵循儿童的心理特点和生理发展规律，来实施音乐知识和技能的传授，这也是教育的核心。通过运用设计符合学前儿童心理和生理发展特点的音乐教育方法来促进儿童智力、个性、情感、社会性等方面的全面综合和谐发展。

（三）学前儿童音乐教育的特征

1. 形象性与感染性

儿童对音乐的理解和把握是与他们自身的认知水平、思维发展水平统一的，这是学前儿童音乐教育中的重要规律之一。所以，学前儿童音乐教育的内容、形式、方法要更多地体现形象性和感染性的特点。

（1）内容上的形象性与感染性。学前儿童音乐教育的内容和选用的教材都具有鲜明的音乐形象性，学前儿童对事物的感知往往是感性的，根据儿童这些感性的认识形成生动的音乐形象，组成栩栩如生的音乐画面。例如，《动物狂欢节》中欢快的旋律、乐音构成的是一个个活泼可爱的动物形象——快速轻快的跳跃的声音，表现的是小兔子的音乐形象；沉重、缓慢的旋律感受使儿童联想到了大象的音乐形象，他们行走缓慢，身子笨重等。还有通过节奏、力度、音色、长短的变化表现不同的音乐形象，比如模拟风声、雷声、雨声、钟声等，学前儿童通过听觉感受，同时还会产生联想和想象，从而影响情绪、情感的变化。音乐教育的感染性主要是由于音乐的情感性特征决定的。音乐教育的情感性建立在对儿童个体主体性、差异性的重视和尊重之上，它能调动儿童多方面的丰富情感，表现为激昂、欢快、抒情、低沉、悲伤、轻柔等。儿童在接触音乐作品的过程中，其情感体验逐渐丰富，具有感染性的音乐教育活动能够对儿童的情感发展起到促进、陶冶儿童高尚的情操及丰富儿童的情绪体验的作用。

（2）方法上的形象性与感染性。形象可分为视觉形象和听觉形象，对于音乐的学习来说更多的使听觉形象，它不像视觉形象那么直观的把具体事物或画面呈现到儿童眼前，所以在学前儿童学习音乐的过程中需要教师设计运用一些非音乐的手段来刺激儿童的想象和联想，从而引导儿童体会音乐的意境和情感。在接触音乐作品时，通过学习和教师的引导，感知发现音乐作品

的美，体会音乐作品的情感，从而使儿童与音乐产生共鸣，通过音乐学习培养儿童明辨是非，分辨善恶，鉴别美丑的能力。

学前儿童处于个人情感迅速由低级向高级发展的阶段，对于充满情感和具有感染性的音乐活动，对儿童的情感发展有着巨大的促进作用。通过让儿童参加各种丰富多彩而富有感染性的音乐教育活动，使儿童沉浸在音乐本身美的感染之中，丰富他们的音乐体验和积极的情感体验，还能促进儿童的思想意识、个性特征、道德行为、情感体验等方面的发展。这也是音乐教育的优势之一。

2. 趣味性与游戏性

对于学前儿童来说，快乐是他们参加所有活动的准则，游戏性、趣味性是符合学前教育阶段的儿童心理、生理发展特点，也是吸引学前儿童进行学习的重要原因之一。

（1）内容上的趣味性与游戏性。学前儿童语言教育的趣味性、游戏性不仅体现在音乐游戏上，在其他方面如音乐欣赏、歌唱、打击乐器、韵律活动等，趣味性的特点也十分突出。例如，音乐欣赏活动主要以游戏的手段借助想象和联想，调动多种感官全面、立体感受音乐作品的"感情"，如歌曲《手指歌》《颠倒歌》《小陀螺》等，还有民间童谣、猜谜歌等都饶有趣味，广受儿童的喜爱。韵律活动的游戏性特点体现为儿童的"手舞足蹈"、肢体运动和音乐律动相结合，并随律动的快慢、强弱作出相应变化，满足了儿童活泼好动的心理特点。打击乐器本身就可以成为儿童游戏的媒介，通过与乐器的互动来感知音乐的节奏也是儿童乐此不疲的活动。总之，在音乐教育中，学前儿童通过唱、跳、玩、动增强节奏感和律动感，发展动作协调性，获得愉快的情感体验。

（2）形式上的趣味性与游戏性。学前儿童音乐教育活动是自由、灵活、多样的。这是学前儿童音乐教育形式上的趣味性和游戏性的主要体现形式。在实际幼儿园的音乐教育活动中，其一，音乐活动的灵活性和自由性体现的更加充分，如歌唱活动可以是独唱、小组唱、对唱、齐唱、表演唱，等等；其二，需求教育阶段的音乐教育教学活动赋予儿童更多的自主选择的机会；其三，教师与儿童的校学关系是多变、灵活的。

（3）方法上的趣味性与游戏性。学前儿童音乐本身具有感情色彩丰富、节奏分明、旋律优美的特点，因此，在学前儿童音乐教育教学方法上趣味性和游戏性是最具有特点的一个方面。与此同时，学前儿童又具有活泼好动、具体形象性思维为主等特点，对于教师组织的趣味性、游戏性的活动比较感兴趣。所以，在音乐教育活动中，教师可以扮演重要角色，通过游戏化的口吻激发儿童对音乐活动的兴趣，如创设游戏化的情境、通过角色扮演、丰富的肢体语言、抑扬顿挫的讲解使儿童在音乐活动中充分感受音乐的魅力。

3. 技能性与综合性

早期音乐教育的目的并不是为了通过培养学前儿童的音乐基础知识和技能成为专门的音乐职业人做准备的，但是也并不是要完全否认在学前儿童早期的音乐教育中，音乐基础知识和技能训练是学前儿童音乐能力和综合能力发展的必要前提。技能性的训练是学前儿童音乐教育区别于其他学科教育的一项重要特征之一。

学前儿童音乐教育的综合性特征是基于儿童认知世界的综合性、笼统性、整体性决定的。学前儿童认知水平较低、主客体未分化、主体泛灵思想突出。音乐教育的综合性对于年儿童童来说，就是音乐教育应该是整体的、综合的。它表现为音乐教育形式的综合、过程的综合、内容的综合、目标的综合。

（1）形式上的综合性。早期阶段的音乐活动，在形式上是歌、舞、乐三位一体的。对于学前儿童来说，早期的音乐学校与人类早期的音乐活动相似，表现为初始的、尚未分化的综合性的活动形式。音乐给予他们最直接的感知便是"手舞足蹈"，人类对音乐这种最原始、最本能的反应就体现在学前儿童身上。在学前教育阶段的音乐教育活动，很难把歌、舞、乐分离进行，年龄越小的约喜欢最原始的综合的音乐活动形式，他们通常会用手舞足蹈，又唱又跳来表达自己的快乐。

（2）过程上的综合性。人类早期的音乐活动，在过程上是创作、表演、欣赏三位一体的。对学前儿童来说，过程的综合体现在其"自发性的音乐活动"。儿童在这种状态中，完全沉浸在音乐的流动中，随着音乐律动他们可以全身心地投入到感受美、表现美和创造美的活动中来。儿童这种"全身心投入"正是音乐教育过程的综合性表现。早期的音乐教育活动主要培养儿童对音乐的自我感受，也就是让儿童感受音乐带来的情感变化，在音乐教育者的引导、鼓励下，自我表达、自我欣赏、自我创造，让儿童以自身的节奏和方式全面、立体感知音乐带来的感觉、感情，充分享受音乐的乐趣。

学前儿童音乐教育的方法灵活多样。比如示范法、讲解法、练习法、探

索法等，都是被普遍应用的方法。音乐教育者根据学前音乐教育的学科特点、儿童的心理发展水平、感知音乐的能力等，结合自身教育经验总结了许多具有不同教育功效的方法。在学前儿童音乐教育的实践中，这些方法相互融合、相互渗透，而不是孤立存在的，它们共同促进儿童在情感认知、个性及社会性方面的整体和谐发展。

（3）内容上的综合性。学前儿童对世界的认知是综合的、未分化的。艺术源于生活，音乐艺术作品包含了生活经验、情感体验和思想认识等多方面的内容。学前儿童音乐教育的内容同样也是包罗万象的，如有包含基础知识的卫生歌、数字歌、颠倒歌、常识歌等；技能方面的，如韵律活动中的小跑、小碎步、跑跳步等；情感方面的，如表达对他人之爱的《小乌鸦爱妈妈》《我的好妈妈》《我爱我的幼儿园》等；表达热爱大自然的，如《小树叶》《柳树姑娘》《小雨沙沙》等。学前儿童音乐教育内容的综合最突出的一点是，音乐活动并不是单纯地教给孩子关于音乐的基础知识，而是通过音乐活动调动了儿童多方面的智能，包含了多方面的教育内容。

（4）目标上的综合性。早期的音乐活动在目标上是未分化的，它既"娱己"又"娱人"，而且"娱己"先于"娱人"。例如，儿童会把同伴当作分享音乐快乐的对象，还会通过自愿地在他人面前进行表演体现"娱人"的色彩。对学前儿童来说，音乐活动首先能够带来某种情感体验（通常是愉悦的、兴奋的），"生动活泼"是儿童音乐学习的特殊需要，违背这一点就不能真正调动儿童的积极性和主动性。其次，学前儿童音乐教育的目的同时也综合了音乐和教育的双重目的。由于音乐是人类对生活现实的主观反映，人们对价值的追求在一定程度上也反映为音乐教育的价值追求。教育的目的在于培养儿童全面、健康与和谐的发展，换句话说，学前儿童音乐教育让儿童通过音乐获得健全发展的人格。

二、学前儿童音乐教育的价值

（一）有利于促进学前儿童大脑的发展

1. 促进大脑左右半球机能发展

人的大脑分左右两半球，中间由两亿多条神经纤维组成的胼胝体相联系。

这些神经纤维起两半球信息相互传递的作用，共同协调人的活动。现代脑科学证明，大脑的左右两个半球他们掌管的功能并不相同，只有他们相互关联、相互配合、协同合活动的情况下，才能更好地发挥大脑的功能。学前阶段是大脑迅速生长发育的的重要阶段，在这个阶段音乐等艺术活动能够发展学前儿童的形象感知、逻辑思维、情感理解等方面的发展，可以同时促进大脑左右半球的开发。因此，音乐教育促进大脑全面开发，促进学前儿童的整体发展。

2. 促进大脑皮层重要中枢的发展

参与不同的音乐活动，可以刺激到大脑的各个不同的中枢，从而活动的发展和锻炼也是不同的。如，参与音乐表演活动时，需要运动感觉中枢来进行控制和调节；参与音乐欣赏和创作活动时，组织信息收集、加工、输出的的中枢参与整个活动过程。想让大脑的各部分中枢经常处于积极的活动状态，就要由丰富而全面的训练。在学前教育阶段，人的大脑生长发育的速度最快，所以要想大脑中枢得到充分的发展就要让大脑获得更多的积极的活动机会。音乐教育促进人的全面发展，可能刺激大脑中的不同的中枢。

（二）有利于促进学前儿童语言的发展

音乐教育能够促进学前儿童的语言发展，通过学习歌词不仅扩大了音乐语汇的积累，还扩大了词汇量；还通过歌词学习，纠正发音咬字，帮助儿童口齿清晰地进行语言表达。口头语言表达跟音乐都有高低起伏、强弱、快慢等变化的特点，可以通过音乐教育训练提高儿童的口头表达能力。

（三）有利于促进学前儿童认知的发展

1. 促进感知能力的发展

听觉器官是音乐活动主要的参与器官，音乐认识是通过听觉器官进行感知的。人类的听觉器官是通过长期不断的使用过程中迅速发展的。音乐同语言一样促进人类听觉器官的发展。音乐教育给儿童提供感知音乐、探索音乐的机会，所以通过对音乐的学习和训练，儿童的听辨能力会得到大幅提升。

2. 促进记忆力的发展

记忆是人类参与任何学习活动都不可缺少的能力之一。音乐是稍瞬即逝的艺术，只有通过记忆加工，形成感知形象储存在大脑中。音乐学习刺激记忆的发展。

3. 促进创新能力的发展

音乐教育促进儿童的感知，通过音乐感知促进儿童想象思维的发展，从而促进创新能力的发展。

（四）有利于促进学前儿童情感和意志的发展

1. 促进情感的发展

学前儿童的情感发展在这一时期逐渐从低到高发展，他们的情感体验也日益丰富和复杂，如道德感、美感等，在这样的年龄阶段中，音乐所体现出来的情绪、情感能够刺激儿童自身情感的发展。儿童接触的音乐越多，他的情感体验越丰富，在音乐中感受爱、温暖、愉快、同情、自豪、愤怒等情绪情感越强。

2. 促进意志的发展

意志是人根据一定的目的对自己的行为进行激发、维持、抑制、调节的一种心理过程。

随着儿童年龄的增长，他们学习的音乐内容逐渐复杂，难度加大，无论是学习歌唱还是学习乐器，都必须有良好的意志品质，坚持不懈地刻苦练习。

（五）有利于促进学前儿童个性的发展

1. 促进个性的发展

音乐教育可以培养学前儿童对生活的热爱和对广泛事物的兴趣。学前时期的儿童，对事物的兴趣多是因为外部环境的刺激引发的，并且兴趣保持的时间较短且是直接引发的。这些短暂和直接的兴趣通过不断地积累强化，形成间接兴趣或稳定兴趣，逐渐形成个人积极的个性倾向。

2. 促进自我意识的发展

音乐教育的一项重要的目标是要促进学前儿童自我意识的发展。在组织音乐活动的过程中，教育者要有意识地引导学前儿童认识自己的外部活动和内心活动，让儿童在音乐教育活动中被认可，赞赏和尊重，从而获得自信心。

（六）有利于促进学前儿童社会性的发展

1. 促进人际交往能力的发展

参与音乐活动就是参与了人际交往。音乐活动需要儿童与儿童、成人与儿童之间产生音乐交往，为儿童的人际交往提供大量的机会和经验。所以，学前教育阶段的教师要尽力的多的给学前儿童创造音乐教育活动以此来促进他们的社会性的发展。

2. 培养良好的社会道德风尚

音乐教育活动是实现美育的一项重要手段之一。古希腊哲学家柏拉图曾阐述过。他认为，音乐对儿童心灵的深入，经久不灭。他说，"受过这种良好音乐教育的人，可以敏捷地看出艺术作品和自然界事物的丑陋，很正确地加以厌恶，但是一看到美的东西，他就会赞赏它们，很快乐地把它们吸收到心灵里，作为滋养，因而，自己的性格也变得高尚优美"。柏拉图所谓的"良好音乐教育"，不仅仅指的是音乐本身的教育，还包括启迪儿童心理、陶冶儿童情操的音乐教育内容。因此，音乐教育是一种培养审美的教育。在学前儿童的音乐教育中，为儿童提供精心选择的"精神产品"，通过高雅优美、健康活泼、积极向上的音乐作品中蕴涵的爱国主义精神及良好道德品质，提高儿童音乐审美感受和表现能力，净化心灵，升华道德，完善人格，进而对社会的精神文明建设环境、社会文化环境产生间接的影响，以推进良好的社会生存环境和文明环境的形成。

3. 促进纪律性和责任感的发展

音乐教育活动需要参与者遵守一定的规则，保持良好的秩序的一种社会活动。在集体音乐教育活动中参与儿童会被明确的要求遵守一定的规则，这时儿童初步产生责任意识，对音乐作品、乐器、道具等负责。说明学前儿童的纪律性和责任感是需要教育者有意识地培养起来的。

第二节　学前儿童音乐教育理念与实践

一、提高学前儿童的歌唱能力

音乐促进学前儿童歌唱能力的发展主要表现在歌词、节奏、呼吸等几个方面。

（1）歌词。3岁前学前儿童的语言以及有了很大的发展，可以再现部分简单的歌曲片段，但是不能理解歌词含义。4~6岁学前儿童对语言的掌握能

力进一步提升，他们可以对熟悉的歌曲进行准确再现。

（2）节奏。三岁前儿童虽然已经有了节奏意识，但是对节奏的掌握是比较有限的。4~6岁儿童掌握节奏的能力有了大幅提升，他们已经能够区分并掌握二分音符、四分音符和八分音符。

（3）呼吸。三岁前儿童的肺活量很小，呼吸也很浅，表现出来就是唱歌时，是一字一顿地演唱。三岁后气息稍长。四岁后通过良好的音乐教育，逐渐开始学会自然的呼吸，并且可以控制气息的消耗量，知道按照乐句或音乐意义进行换气。

（4）音准。三岁前儿童，唱歌时基本都是没有音准的，即使是有乐器的伴奏都唱不准。三岁后音准有很大的改善，特别是有乐器伴奏的情况下。4~6岁儿童对音准的把握能力进一步提升，如果歌曲难度适中，又有乐器伴奏，一般儿童都不会走音。

（5）表情。三岁前的歌唱活动，更多的是通过声音游戏对声音感知。三岁儿童进入幼儿园后，经过良好的音乐教育影响后，开始初步产生表现意识。4~6岁儿童已经可以熟练地运用一定的表现技巧，他们对歌曲的形象、内容、情感的感受更加丰富。能够表达出更为细腻复杂的音乐形象。

二、提高学前儿童的韵律活动能力

音乐促进学前儿童韵律活动能力的发展主要表现为动作、随乐能力两个方面。

（1）动作。三岁前儿童的身体动作逐渐进入初步分化的随意动作阶段。三岁时，儿童逐渐会做一些非移动的动作，如摇头、挥动手臂、拍手，击打身体部位等。4~6岁的儿童可以动一些比较复杂，幅度比较大的需要多器官协调的联合动作和精细动作。如指部动作，可以随意地根据自身需要变化上肢和躯干动作，并且能够控制速度和幅度。

（2）随乐能力。三岁前，有些儿童会在听到音乐后自发地跟着音乐晃动或扭动身体，并且能够跟随熟悉的人哼唱曲调或做一些简单的音乐游戏。但是他们没有动作与音乐一致的意识。3岁时，儿童开始注意到音乐节奏，并且开始逐渐使自己的动作与节奏一致起来，对音乐有了整体的概念。知道等拍等，4~6岁的节奏感明显提高，可以非常主动的跟随音乐律动，并卡准拍点。

三、提高学前儿童的乐器演奏能力

音乐促进学前儿童乐器演奏能力的发展主要表现为乐器操作、随乐能力两个方面。

（1）乐器操作。3岁儿童接触的乐器以小型打击乐为主，主要是靠打击乐动作来演奏的打击乐器，如碰铃、手鼓、串铃等。4~6岁儿童接触到的打击乐更加丰富，并且能够熟练的掌握乐器的使用方法，操作起来动作更流畅。

（2）随乐能力。3岁以前，儿童偶尔可以一边敲击打击乐一边唱，音乐儿童的随乐意识和随乐能力都比较差，因此他们大部分都不能卡上节拍的演奏乐器。4~6岁，儿童演奏打击乐的能力明显提高，可以随音乐节奏的变化而变化，还可以看指挥即兴演奏。

四、提高学前儿童的音乐欣赏能力

音乐促进学前儿童音乐欣赏能力的发展主要表现为倾听和理解两个方面。

（1）倾听。要认真、有意识地听。不仅要参与，还要有情感的投入。一个听力正常的儿童3岁前，对倾听有很强的兴趣，但是没有主动分辨的能力。随着年龄增长，活动范围变大，他们能够听到的音响越来越复杂。3岁后，儿童开始主动分辨不同环境中所听到的声音，并可以描述这些声音。4~6岁，儿童的听辨能力继续加强，可以认真地按要求倾听和辨别。

（2）理解。理解时音乐欣赏的基础。3岁前，儿童对音乐几乎时没有理解的。3岁后，儿童开始根据歌词内容和思想，尝试理解音乐情感。4~6岁，儿童可以较好地理解较为复杂的歌词内容，并且初步对歌曲有了自己的理解和认识。

第三节　学前儿童音乐教育的施行

学前儿童接触音乐的途径是由儿童年龄特点以及学前儿童教育机构的特点和教师的知识结构和实施音乐教学能力共同决定的。根据儿童活动环境和范围的不同，我们从学前教育机构的音乐教育活动和家庭、社区的音乐教育活动两个角度进行简单概述。

一、学前教育机构的音乐教育活动

（一）教师组织的与儿童自发的音乐活动

以音乐活动的发起组织者为分类标准将学前教育机构的音乐教育分为教师组织的音乐活动和儿童自发的音乐活动。

教师组织的音乐活动是教师组织的一切有目的、有计划的、专门性的、具有渗透性的音乐活动，同时，也包括临时发起的、组织的、各种形式的音乐活动。在这组织这种活动中，教师具有主动权，可以对活动目标、内容、方式、时间进行掌控。也可能间接地掌控，如引导或指导儿童来组织领导活动，或通过提供改变音乐或其他有关辅助材料来引导活动的进行及变换等。

儿童自发的音乐活动指儿童掌握主动权发起的与音乐相关的活动。在这个活动中，教师是协助并间接参与的，帮助儿童装饰环境、营造氛围。这个过程的活动目标、内容、方式、时间都是由儿童自己掌握，可以是在自己喜欢的区域组织活动，既可以进行教学活动的延伸，又能独立生成新的音乐活动内容和形式，能够让儿童有更多机会通过音乐表达美和欣赏美。

儿童在感受、体验、即兴创作等活动中，进行自发性学习，在参与的过程中充分享受各种形式的音乐活动，从中发展自己的音乐能力。

（二）专门的与渗透的音乐活动

以教育的主要目标或侧重点为分类标准。分为专门的音乐活动和渗透的音乐活动。

1. 专门的音乐活动

专门的音乐教育活动是组织的活动与音乐相关的教育活动，教师通过提前设计并且设定教学目标而发起的活动。提前安排专门的时间和地点，选择适合儿童年龄特点和主题的音乐，并准备好所需要的材料，组织儿童参加。这是一种比较系统规范的音乐教育活动，也要求幼儿园教师必须要掌握的教学技能。根据音乐活动内容的不同，分为歌唱、韵律活动、音乐欣赏、打击乐演奏、音乐游戏五种音乐活动。学前儿童的音乐教育一般都是体现主题，教育内容都是综合性的。

学前儿童年龄小，兴奋与抑制调节能力差，生理、心理两方面都比较容易疲劳，除了需要安排丰富多彩的内容外，专门的音乐活动还应注意：首先一次活动的时间不能太长，小班活动通常在 15 分钟左右；中班活动通常在 20 分钟左右；大班活动通常在 30 分钟左右。其次，一般把对儿童来说比较陌生或困难的内容，安排在儿童情绪稳定，注意力集中的时间里；把能够振奋儿童精神，集中儿童注意力的内容，安排在活动的开始部分；而把能够帮助儿童放松，消除疲劳的内容，安排在活动的结束部分。

2. 渗透的音乐活动

渗透的音乐教育活动是指除专门的音乐教育活动以外，随机、灵活地蕴含渗透在儿童的一日生活及其他教育活动之中的丰富多样的、"隐性"的音乐教育活动，泛指一切可受教师控制的和不可受教师控制的物质环境、心理环境对儿童产生的影响。这种音乐教育活动的价值在于：为儿童提供广泛的、丰富多彩的学习音乐和运用音乐的机会；强化、深化儿童其他方面的学习经验，为儿童的思维、想象、表达提供一种非语言的方式；调剂儿童的生活，使儿童的各个生活环节经常在优美动听的音乐声中进行，从而给儿童提供获取快乐的源泉。渗透的音乐教育活动主要包括以下两个方面。一方面，在生活中为儿童提供音乐背景，如教师用丰富多彩的乐曲，伴随儿童的各种活动。来园时，教室里可以播放一些柔和的轻音乐，让儿童进入一个安静舒适的音乐艺术环境；午睡时，放些"摇篮曲"，使儿童能进入甜蜜的梦乡；就餐前，弹奏一些舒缓的乐曲；节奏欢快的进行曲，伴随儿童的游戏、玩耍等等，尽量让儿童在浓厚的音乐环境中不断丰富自己的情感，陶冶情操，让儿童在不知不觉中感受音乐美。另一方面，可以建设专门的音乐活动室或创设音乐活动角来满足儿童随时自发的音乐活动。老师可以给儿童提供各种材料引导儿童自发的音乐活动。提供的音乐材料可以是成品、半成品，甚至可以引导儿童自制乐器。比如用筷子敲击水桶、塑料瓶等。《幼儿园教育指导纲要（试行）》指出，各领域之间的内容要有机联系。相互渗透、注重综合性、趣味性、活动性，寓教育于生活、游戏之中。因此，我们应该充分挖掘音乐与其他领域之间的内在联系。对课程内容进行合理、有效整合。但是，整合不是凑合，不是拼盘，有了整合的观念才有整合的教育，才能有效地进行整合。在其他教育活动中运用音乐材料。我们根据教育内容，在符合年龄段儿童发展水平的基础上，让儿童伴随一些能够强化某些

学习内容的特殊音乐，听音乐绘画、画连环画、编故事等。

游戏活动中的音乐活动。比如，剧场游戏中的音乐表演、音乐角活动和各种游戏活动中儿童的自发音乐活动等。剧场音乐表演活动和"音乐角色"活动虽然是由儿童自己选择、自己组织进行的，但也需教师有意识地为儿童提供时间、空间和有关材料，而且教师还应经常参与活动并给予一定的指导。在角色游戏、桌面建构游戏、玩沙玩水或户外自由游戏过程中，由游戏器具、游戏情境或其他偶然因素引发的歌唱、节奏朗诵、声音探索、韵律活动或含有音乐因素的角色表演等，是在教师计划之外偶然产生的，但由于它对儿童也有着十分可贵的教育价值，所以教师也应根据具体情况参与活动或给予一定的指导。

节日活动中的音乐活动。为庆祝节日而组织的各种音乐表演和娱乐活动，都属于节日活动中的音乐活动。为了更好地发挥节日音乐活动的教育功能，节日活动中的音乐活动，应是全体儿童都有机会参加的，而且每个儿童都应有平等的机会轮流尝试担任组织者。表演者、服务者和观众。

综上所述，专门的音乐活动比较侧重于音乐技能的掌握，渗透的音乐活动则较侧重于音乐的应用。并且不可能随时并且长时间的对儿童进行专门的音乐教育活动，要通过渗透式的方式，让音乐活动融入到儿童的生活中。所以学前阶段的音乐教育式系统的学习训练和灵活渗透的方式相结合的。

二、学前儿童音乐教育的外部环境——家庭与社区

《幼儿园教育指导纲要（试行）》明确提出，环境是重要的教育资源，应通过环境的创设和利用，有效地促进儿童的发展。

在儿童的早期教育中，音乐的启蒙应渗透在幼儿园、家庭和社会的环境中。因此，学前儿童音乐教育除了重视丰富多彩的幼儿园音乐教育活动，更应该关注家庭和社区的音乐环境的创设，培养儿童对音乐的兴趣。

（一）家庭音乐生活与学前儿童音乐教育

在出现学校音乐教育之前就出现了家庭音乐教育。家庭音乐教育是儿童首先接触到的音乐教育，家庭音乐教育对儿童的影响远远早于学校音乐教育和社区音乐教育。家庭音乐教育对孩子的影响是非常大的，但是现实生活中

很多家长没有对孩子进行音乐教育的意识，也有更多的家长没有受过正规的音乐学习，他们认为自己不具备给儿童创造音乐环境的能力。但其实家庭音乐教育除了家长亲自为孩子歌唱、演奏乐器等还可以通过给儿童播放音乐音频和视频的方式，慢慢地引导儿童对音乐产生兴趣，促进儿童逐渐走进音乐的世界。

（二）社区音乐生活与学前儿童音乐教育

联合国教科文组织 1968 年发布的"终身教育宣言"，以及 1972 年在调查报告《学会生存——教育世界的今天和明天》提出的"终身教育""终身学习"的理念，对许多国家的教育政策、教育体制、教育结构、教育模式等都产生了深刻影响。社区教育是落实终身教育的一种重要形式。社区音乐教育是社区教育的重要组成部分。社区音乐是指儿童所能接触到的家庭以外的社会音乐生活。社区音乐有很多中体现如表演、演奏、舞蹈、演出等，很多都很活动庆典仪式、比赛、教育等相结合。社区音乐更是传承区域传统文化的重要途径，可以作为儿童学校音乐教育的补充。也是儿童接触更多元的音乐文化的重要途径。

第二章

学前儿童音乐教育的支柱体系

音乐教育系的创新方针是融国际上各先进音乐教育体系之所长，立足于本国音乐文化基础，结合我国国民音乐教育国情，自下而上地创新学前音乐教学体系。因此，我们从两件事入手，第一是引进国际先进音乐教育体系，第二是将国际先进音乐教育体系本土化。本章将对奥尔夫学前音乐教学体系、柯达伊学前音乐教学体系以及达尔克罗兹学前音乐教学体系展开论述。

第一节　奥尔夫学前音乐教学体系

一、奥尔夫音乐教育体系简述

卡尔·奥尔夫（Carl Orff，1895—1982），当代著名德国作曲家、音乐教育家。他的一部清唱剧《布兰诗歌》（Carmina Burana）可谓是其作曲生涯的最高成就，享誉全世界。清唱剧《布兰诗歌》也称为《博伊伦之歌》，由奥尔夫了1935—1936年创作，在1937年初首演于法兰克福。这部作品共分25个乐章，用女高音、男高音、男低音、童声合唱、合唱及乐队组成，其中还有14个乐章为管弦乐曲。奥尔夫因在德国阿尔卑斯山谷中的布兰修道院中发现了这卷中世纪的诗歌集，所以称它为《布兰诗歌》。除了作曲生涯的最高成就外，奥尔夫还在音乐教育领域功不可没。尤其在中国，可能很多教师认识奥尔夫不是因为《布兰诗歌》，而是因为他的音乐教学法。

（一）奥尔夫音乐教学体系形成

奥尔夫从小对音乐戏剧有着浓厚的兴趣，他作为一名作曲家对音乐剧方面也有着巨大的贡献。当然，这也让他在日后的音乐教育研究中非常重视在音乐课堂上形成融舞蹈动作、说、唱、演奏及戏剧表演为一体的教学内容和形式。通俗地说，就是要在各类游戏表演中体验音乐、感受音乐、学习音乐。这在奥尔夫音乐教育思想中被称为"整体的艺术"（Gesamtkunst），这也是奥尔夫音乐教育的核心思想。

1. 奥尔夫教学材料的发行

奥尔夫自 1932 年 5 月起开始规划写作奥尔夫学校教育的系列材料。贝格泽在 1932 年 5 月底促成了朔特公司与奥尔夫的合作，并向奥尔夫约稿。1932 年 7 月正式出版《节奏、旋律练习》。1932 年 8 月计划出版了《打击乐练习之手鼓》《打击乐小品集》以及凯特曼的《竖笛和打击乐演奏曲集》，经过几次修订，最终在 l932 年底正式出版。我们不难发现，虽然奥尔夫和凯特曼积累了很多教学经验，对于奥尔夫教学法的理念也考虑成熟，但是正式整理出版的时间却很紧张。在 1932 年 7 月与 8 月奥尔夫在斯图加特以及柏林举办了讲座，从而听取了很多老师的建议并将即将出版的内容在这些教学讲座中进行了尝试。奥尔夫和凯特曼将所有出版的材料在短短的半年内进行了一丝不苟地实践，在实践教学中找出不足。

和柯达伊不同，奥尔夫从未写作过系统的教科书，也没有将其写作过的教学材料作为全德的教学指导书。在奥尔夫与 F. 劳勋（F. Reusch）的通信中曾为此事热烈地讨论过。劳勋建议奥尔夫出版系统的教学材料，每一本书解决一个教学问题，如"即兴""节奏""旋律"等，并建议奥尔夫将其系统化，最终写作《作曲教程》，将前面的所有单一主题整合为一个整体，并以创作音乐的形式出现。在这里我们可以看出一个立足于音乐而有所成就的教育家具备了不同于普通人的思考。从专业教学现实考虑的奥尔夫认为，即兴或者是创造能力的培养是奥尔夫学校教学的宗旨和重点，而倘若奥尔夫本人将教学内容写作并固定为教科书，那么对于实现他的教学思想的那些老师来说，本身就是一种创造力的禁锢。因此，奥尔夫之后即便写作了《为孩子们的音乐》也是将其作为一个模板和参考，并呼吁全球每一个国家的老师根据自己本国的文化、孩子们的特征、教师的特长来选择材料，将奥尔夫的精髓体现在"本土化"的教学内容中。

1933 年 10 月，奥尔夫计划在伯尔尼举办讲座课程，同年出版了他的《钢琴小品》。贝格泽提出凯特曼的《演唱和演奏小品》以及《舞蹈和演奏作品》应和奥尔夫的《节奏、旋律练习》相互结合。同样，凯特曼编写的练习

手册《舞蹈与演奏练习》，将多年实践中的练习曲进行了汇编，并且添加了不少合奏曲目的创作。奥尔夫将这些珍贵的资料在伯尔尼的讲座中一一介绍给当地的老师们。通过奥尔夫、凯特曼以及朔特公司的共同努力，奥尔夫与凯特曼在学校中的实践成果终于得以整理并成体系地展现给德国的音乐教师。

在伯尔尼的讲座之后，奥尔夫又将自己的教学理念渗透到了专业的器乐教学活动中，同时也出版了《钢琴教学练习》和《小提琴教学练习》。1933年秋，在《钢琴教学练习》问世之后，贝格泽紧接着又与奥尔夫签订并出版了《练习和演奏曲选及舞蹈小品》。1934年奥尔夫《小作品集》出版，随后，奥尔夫的《木琴练习》《打击乐练习》也陆续问世。1935年，奥尔夫计划出版《音乐基础理论简介》《为竖笛和手鼓而编的古典和现代舞蹈》。1938年，这些作品开始渐渐促成《原本性的音乐练习》的写作，这本书将与先前出版的曲集或者手册不同，是奥尔夫教学理念的体现，并整合音乐与舞蹈来展现奥尔夫学校教学活动的精神。

《为了孩子们的音乐》是奥尔夫学校教学"原本性的音乐与舞蹈教学法"的结晶。1950~1954年《为了孩子们的音乐》终于正式出版了，由威尔赫姆·科勒（Wilhelm Keller）为整套书写了序言。这套教材至今在全世界各地有诸多语言版本。

在《为了孩子们的音乐》中奥尔夫始终遵循他和凯特曼在学校中的实践结论来编写这套书。"原本性音乐与舞蹈"的理念在每一个课例中清晰且明确，所有的课例在未经教学实践检验之前是不能被收录在书中的。因此，奥尔夫对于教学实践极为强调，在教学实践中检验真理。在《为孩子们的音乐》中，所有的课例内容均以谱例的形式出现，包括歌唱游戏、节奏童谣等，共计1000余个节奏活动。每一个谱例之后都有简短的介绍，指出了在教学过程中的要点，标注了教学中的重点和难点。这些注解对实践活动中的普通学校的老师起到了相当重要的作用。

2. 电视节目的传播

1948年，德国巴伐利亚州的电台编辑策划了"为了孩子们的音乐"节目，并邀请卡尔·奥尔夫与京特出席。凯特曼设计这个节目，使得他们的教学理念能够通过电台这个媒介让更多的人了解，让更多的孩子们受益。在设计和进行这个栏目的过程中，奥尔夫由于身兼作曲家的身份而分身乏术，他的伙伴古尼德·凯特曼以及当时德国慕尼黑学校的校长鲁道夫·柯梅尔

（Rudolf Kimeyer）给了他极大的支持和帮助。同时，也使得奥尔夫对于奥尔夫教学理念在孩子们身上的教学思考得到了实践的证明和检验。

电台是一种以听觉为感知觉的媒体，因此在电台举办这样的节目有一定的局限性。孩子们、家长和老师们只能通过语言和乐器的音色来了解教学的手段和成果。奥尔夫和凯特曼对这一传播媒介进行了自己的研究并尽全力完美地呈现他们的作品。

"为了孩子们的音乐"节目从一个对奥尔夫和凯特曼来说是前所未有的挑战发展成了他们引以为豪的成就，得到了很多学校的认可，不少教师还在自己的学校进行了实践。

从 20 世纪 50 年代后期，巴伐利亚电视台就开始与古尼德·凯特曼、古德拉·奥尔夫（奥尔夫之女）等人合作。这种声像结合的媒体使得奥尔夫教学法可以将原本电台无法呈现的"原本性的舞蹈"部分呈现出来。这个节目让更多的人喜爱上了奥尔夫和他的伙伴们。

奥尔夫音乐教学法从理论原则、教材、教法到成功的教学实践等方面都是一个完整的音乐教育体系。

（二）课程内容

奥尔夫体系的课程内容主要包括嗓音造型、动作造型、器乐造型三方面。

1. 嗓音造型

可分为歌唱活动和节奏朗诵活动。其中节奏朗诵的内容丰富多彩，不仅有儿歌、诗歌、童谣、民谣等做节奏朗诵的活动，还有字、词、句做节奏朗诵的活动，甚至还有一些有意义、无意义的音节做节奏朗诵的练习。

2. 动作造型

动作造型又可以分成律动、舞蹈、戏剧表演、指挥和声势活动。其中，声势活动是一种运用简单而原始的身体动作，使之发出各种有节奏声音的活动，常被称为演奏身体乐器的活动。这种最为原始的、最为古典的四种声势动作就是拍手、跺脚、拍腿和捻指。

3. 器乐造型

器乐造型即指乐器演奏活动。这里指的乐器泛指所有的乐器，不仅仅是奥尔夫乐器。包含其他乐器，甚至自制乐器。节奏学习是课程最基本的内容，也是最重要的内容。奥尔夫的观点是要学习音乐，并且体现音乐的形式

是要符合人类原始性的。

（三）教学形式

奥尔夫音乐教育体系的教学组织形式需要从两个方面来描述。首先，在形式上是"集体教学"；其次，在内容上是"综合教学"。奥尔夫认为：集体教学的主要目的是为了给儿童创造交流、分享、合作的机会，综合教学的目的是为了给儿童提供全面、丰富、综合的审美体验的机会。因此，即兴在奥尔夫教学法中贯穿在每一个音乐元素的学习中，而团体即兴需要儿童合作的意识和技能，这便为儿童提供集体合作、学习创作音乐并分享创作经验的机会；而综合教学体现两个三位一体，一是集创作、表演、欣赏于三位一体，二是集歌、舞、乐于三位一体。可见，集体性和综合性活动的这些特点对个体发展状态处于原始水平阶段的儿童来说，不仅十分适宜，而且也是十分必要的。

（四）教学方法

众所周知，奥尔夫的音乐创作之路贯穿他的一生。所以，当他把注意力转向关注儿童音乐教育之后，这种"在不断的创新中获得新的生命力"的音乐创作思想也就逐渐成为其音乐教育体系的核心观念之一，"引导创作法"也就顺其自然地成为奥尔夫音乐教育体系的教学方法。所谓引导创作法是指教师仅仅向儿童提供一些元素性的材料（如最初的节奏、最基本的音调、最基本的运动方式、最基本的组织方法等），而儿童则在教师的引导和范例的启发下集体创作来进行音乐学习。模仿学习在奥尔夫体系中仅仅被看作是其完整课程体系中的必备部分，而强调创造才是奥尔夫体系的独创和特点。

（五）教学材料

奥尔夫教育体系的教学材料包括教材内容和教学工具。教材内容可以是奥尔夫亲自为儿童编撰的五卷《学校音乐》教材里的内容，也可以是不同国家、民族、地区、学校、班级的教师根据自己任教的特定群体选择的本土教材内容。奥尔夫认为：只有来自儿童生活的教材，才是最符合儿童天性、最自然和最富有生命力的。奥尔夫还强调：他提供教材的目的是表明"教育应顺应儿童本性"的思想，而不是要后继者生搬硬套他的教材。

　　教学工具通常指的是独特的奥尔夫乐器，即由奥尔夫机构认可的工作室或工厂研制出来的乐器。一类是无固定音高的打击乐器，如响木、碰铃等；另一类是有固定音高的音条乐器，如木琴、钟琴等；还有一类是弦乐器和吹奏乐器，如低音提琴、竖笛等。但在奥尔夫式的课堂中并非仅仅使用特制的奥尔夫乐器，因为从理论上讲：一切具有原始特征的乐器，简单的、易于用大肌肉动作演奏的、有无固定音高的乐器都可以拿来课堂上使用。

　　总之，奥尔夫的贡献在于创造了一种理论和实践体系，使儿童能够以最自然的方式进入音乐的一切领域，并从中获得最完整、最全面的音乐体验。❶

二、奥尔夫音乐教育体系与其他体系的对比

　　这里主要将奥尔夫音乐教育体系与柯达伊音乐教育体系及达尔克罗兹音乐教育体系进行对比。以下，将从三大音乐体系产生的历史文化背景、关注点和出发点、教学方法三个方面对其加以简要对比。

（一）历史背景的对比

　　达尔克罗兹音乐教育体系产生、形成于第一、二次世界大战之际，当时正值瑞士社会动荡和变革，民众非常需要精神上的慰藉，人们力求各个领域发生转变，这种情况下，教育就成为人们寻求转变的突破口之一。正是在这样的背景下，达尔克罗兹音乐教育体系孕育、发展、成熟起来。奥尔夫音乐教育体系的形成晚于达尔克罗兹音乐教育体系，且受其影响巨大。它产生于有着深厚音乐基础的德国，当时的德国经济发展迅速，人民生活水平优越，教育的普及使德国国民的音乐素养普遍提升，在经济大变革的同时，人们也试图教育的变革，这种背景下，奥尔夫音乐教育体系孕育而生。柯达伊音乐教育体系的形成也晚于达尔克罗兹音乐教育体系，同样深受其影响。当时的匈牙利长期被殖民统治，致使匈牙利人不仅不知道本国的文化传统，还极端鄙视民族文化，社会有识之士积极寻求方法力求振兴民族文化，在这种背景下形成的柯达伊音乐教育体系非常重视民族音乐。

---

❶　陈蓉. 音乐教学法教程［M］. 上海：上海音乐学院出版社，2013.

（二）关注焦点的对比

达尔克罗兹音乐教学法的观点是通过大脑思维和身体器官运动紧密结合，让生理和心理和谐发展。需要将视觉、听觉、运动感觉与大脑思维紧密结合，同时能够相互转化，体现了身体对各种知觉的表现能力。所以达尔克罗兹认为，体态律动是学习音乐的开始和基础，并提出体态律动是音乐学习最重要的方式。奥尔夫音乐教学法的核心思想是音乐教育的"原本性"。努力让每一位学生都参与到音乐教育活动中来，培养他们感受和体验音乐、探索音乐、创造音乐等能力。创造了声势音乐教育活动，将节奏与音乐、动作结合在一起，设计了简单容易操作的打击乐器为主的乐器称为奥尔夫乐器。柯达伊教学法主张面向普通大众，主张母语音乐教育，使歌唱贯彻整个音乐教育的全过程，弘扬本民族的音乐。

（三）教学方法的对比

奥尔夫音乐教育体系、柯达伊音乐教育体系都受达尔克罗兹教育体系的影响，因此，三者存在相同之处。如都主张从游戏入手，教学起始点都采用律动帮助孩子体验音乐，教师在课堂上极少涉及语言，都强调节奏、旋律的即兴活动，在节奏方面从四分音符、八分音符入手，在旋律方面从小三度、大二度、纯四度入手，在音乐序列结构方面从五声音阶入手，在教学中结合本民族的语言、童谣、民歌、音调等。

但是，由于三者产生的国度、历史背景、哲学思想、教育传统上的不同，它们也存在诸多差异。达尔克罗兹强调律动在音乐教学中的意义，律动学习贯穿于整个音乐教育过程，主张采用钢琴伴奏，教育手段主要有视唱练耳练习、节奏运动练习、钢琴即兴作曲练习、快速反应练习、跟随反应练习、音乐代换练习、卡农式练习；奥尔夫音乐教育体系强调节奏、器乐教学在音乐教育中的意义，认为除了体态律动，还包括语言、舞蹈、声势、身体造型等，并主张将其融为一体，倡导用身体、打击乐器、声势伴奏，教育手段主要依靠语言的节奏练习、声势的节奏练习、奥尔夫乐器的节奏练习等；柯达伊强调歌唱，尤其是合唱在音乐教育中的意义，身体律动只被用在最初的音乐活动课，不主张用钢琴或其他乐器伴奏，直到首调概念建立。在教学中经常用到手势、音叉、固定节奏型，教育手段主要包括首调唱名法、节奏音节、手势、节奏时值、节奏字母谱、五声音阶。

综上所述，奥尔夫的音乐教育虽然与达尔克罗兹和柯达伊的音乐教育存在诸多差异，但也深受其影响，表现在：其一，奥尔夫的"音乐与舞蹈教学法"是达尔克罗兹"体态律动教学方法"的延续；其二，奥尔夫嗓音造型课程中采用的"音高手势与节奏读谱"是借鉴于柯达伊的音乐教育手段。如此说来，要真正地、全面地把握奥尔夫音乐教育思想，并在音乐教育实践中自如地运用其教学方法与手段，恰当地学习和了解其他两大教育体系是很有必要的。

三、奥尔夫学前音乐教育体系的本土化教学

（一）奥尔夫音乐教学法对我国学前音乐教育的启示

奥尔夫从小对音乐戏剧有着浓厚的兴趣，他作为一名作曲家对音乐剧方面也有着巨大的贡献。当然，这也让他在日后的音乐教育研究中非常重视在音乐课堂上形成融舞蹈动作、说、唱、演奏及戏剧表演为一体的教学内容和形式。通俗地说，就是要在各类游戏表演中体验音乐、感受音乐、学习音乐。这在奥尔夫音乐教育思想中被称为"整体的艺术"，这也是奥尔夫音乐教育的核心思想。

1. 在音乐教育理论和实践方面的借鉴

奥尔夫音乐教育形成以后，便以其先进的教育理念和教育方法在世界许多国家得到传播。随着我国的改革开放和奥尔夫音乐教学法的传入，我国的音乐教育在理论和实践方面悄然发生着变化。

（1）课堂教学中，丰富多彩的、综合性强的特点，容易使音乐课堂变得生动活泼，并取得良好的教学效果。课堂上，教师除了对儿童进行唱歌识谱的教学，还可以教儿童如何进行乐器演奏。同时还可以结合自由朗诵、即兴舞蹈、趣味游戏等多种艺术实践活动，使儿童全身心投入其中。这种集歌、乐、舞为一体的综合教学，可以使儿童获得全方位、多方面的综合体验。

（2）伸缩性大，适宜性强。伸缩性和自由施展空间大是奥尔夫教学法的一大特点。在教学实践过程中，教师可以根据教学对象和教学条件的不同，灵活地制定教学内容。

（3）重视创造、培养能力。奥尔夫音乐教育主张使儿童的表现力、想象力、创造性思维得到充分发挥。

①"无声胜有声"——观察力和模仿力的培养。在奥尔夫音乐课堂上，尤其提倡从游戏入手，教学起始点都采用律动帮助孩子体验音乐，教师在课堂上极少涉及语言，主张运用语言以外的表达方式，如嗓音展示、乐器演奏、肢体造型、图谱说明等非语言手段与儿童进行沟通和交流，十分注重儿童对教师所提供的范例的观察和模仿。

②即兴表演与创作——创造力和记忆力的培养。在组织教学的过程，教师是从儿童的角度来展开音乐活动的。并且给儿童提供的都是节奏、音调、音色、原始动作等原始性材料。在音乐活动中，儿童通过即兴创作比如动作、歌词、音响、图案等，来记录自己的音乐。通过不断强化各种标志性的标记加深音乐记忆。

2. 学习与借鉴奥尔夫音乐教育应遵循的原则

奥尔夫音乐教学法之所以流传广泛，被世界各国音乐教育工作者学习和运用，并且成为世界三大音乐教学法之一，它的理念是有它的先进之处的。但毕竟各国都有诸多的差异，所以我国在借鉴和学校奥尔夫音乐教学法的过程中。要坚持本土化、本质性和量力性的原则，避免"拿来主义"。

（1）本土化原则。从语言学来讲，本土化是指使相应的事物发生转变，使其适应本国、本民族、本地域的实际情况，并具有本地区的特色。学习和借鉴奥尔夫音乐教育的本土化原则是指在学习、借鉴奥尔夫音乐教育方法的过程中，要和中国的音乐教育文化、地域特征等结合起来，使其与本土音乐教育的发展相适应。音乐教育理念的本土化和教育实践的融合和创新是本土化的基本所在。具体来讲，它囊括了教育理念的本土化（在奥尔夫教育理念和本地区音乐教育理念之间找到平衡点）、教材的本土化、乐器的本土化、教学的本土化（奥尔夫教学并非完全照搬和模仿，而应考虑教育者和受教育者的自身状况）等方面的内容。学习和借鉴奥尔夫音乐教育必须坚持本土化原则。

（2）本质性原则。我国的奥尔夫音乐教育实践在很大程度上呈现出对奥尔夫音乐教育大师、名师的照搬，很少有大批量的融合和创生。因此，在奥尔夫音乐教育实践中必须抓住奥尔夫音乐教育的元素性、即兴性、参与性、整合性、多元性等特点，这是对奥尔夫音乐教育进行学习和借鉴的本质性原则。在一线的音乐教育实践中，要多思考几个问题：我的音乐教育教学实践有没有最大限度地从儿童的自然本性出发？有没有最大限度地实现音乐、语言、动作等的融合？有没有最大限度地让每个孩子成为音乐学习的主人？有没有既注重本族文化的传播，又注重外来文化的借鉴？有没有既重视孩子对音乐的感性经验的积累，又让孩子最大限度地充满幻想、想象力和创造力等。

（3）量力性原则。任何事物的发生、发展都有一个从量变到质变的过程，在这个过程中总是充满着各方面的矛盾和斗争，难以一步到位。同样，学习和借鉴奥尔夫音乐教育亦是如此，它和教育管理者对奥尔夫的认可程度、奥尔夫音乐教育的硬件设施状况、奥尔夫音乐教师的教学水平等紧密相关。例如在山东大学秦文华的硕士毕业论文《奥尔夫音乐教学法在幼儿园音乐教育中的应用——以济南市城区为例》中提到，一些教育行政部门的管理者和幼儿园园长根本对奥尔夫音乐教育没有深入的了解，没有认识到它的先进之处，有的甚至从未听说过；另一些幼儿园没有或者很少配备乐器，有的幼儿园虽然有配备，但是由于老师担心太吵，很少使用；很多幼儿园缺乏或者根本没有本土化、可操作的奥尔夫音乐教育教材；大部分幼儿园教师没有经过专门、系统的奥尔夫音乐教学法培训，师资匮乏。从上述状况来看，奥尔夫音乐教育的传播不可能一蹴而就，而要根据园所自身的状况逐步进行，正如《左传》中说："力能则进，否则退，量力而行。"

（二）奥尔夫嗓音造型训练的本土化教育实践

1. 嗓音造型的内涵

嗓音造型，就是运用嗓音的物理属性、时空属性，以及人的生理心理因素创造丰富的、立体的声音形象来反映客观世界具体事物，是以造型为基本表现手段，使人通过听觉来欣赏，并构成美感形象的艺术。如形容演员的嗓音甜美清亮，语气动人顿挫，让观众听得字字清晰、声声入耳等。

2. 嗓音造型的教学意义

科学的发音练习，能让嗓音更加富有磁性、饱满、圆润、清晰。可见，对儿童进行科学的嗓音造型教学，有如下意义。

（1）树立良好的声音形象。无论是优美、清晰、流畅的语音训练，还是激情四射、活力无限或低沉、婉转的嗓音练习，皆能帮助儿童逐步树立良好的声音形象，使之声音更具感受力、表现力和感染力，进而在学习和工作上

获得更大成功。

（2）培养听辨的意识和能力。在进行嗓音训练时，儿童不仅要注意倾听自己的嗓音，还要注意倾听老师、同伴的嗓音，并努力使自己的嗓音与老师、同伴相一致。为此，嗓音造型的教学训练还有助于培养儿童乐于倾听的意识和善于分辨的能力。

3. 歌唱教学的内容与要点

歌唱离不开嗓音，在奥尔夫歌唱活动中，各国的奥尔夫教师们往往会围绕儿童嗓音机制、嗓音特点来选择儿童喜欢的故事性歌曲，采用与歌唱密切相关的柯尔文手势语和柯达伊节奏读谱等方法，对儿童进行歌唱能力的培养。歌唱教学的要点主要体现在以下几个方面。

（1）提供正确的示范。歌唱教学一个很关键的环节就是教师能否为儿童提供正确的示范。这种正确的示范应包括准确的音调和节奏、正确的发音和吐字、富有感染力且符合歌曲情感的范唱等。

（2）克服儿童的不良音调。音准是歌唱活动中最难掌握的技能。儿童歌唱音调不准的原因有很多：是否缺乏反复的歌唱练习；是否由于内向或音色特殊而不愿或不敢唱出声来；是否过于自信而唱得过大声则听不清自己唱的音调；是否由于听觉失调或发音器官障碍而唱不准等。因此，教师应营造宽松的唱歌氛围，并通过运用奥尔夫乐器伴奏、柯尔文手势提示等方法，为儿童提供有效的帮助，使儿童逐步学习运用适中的音量、准确的音调、清晰的吐字等进行有感情的演唱。

（3）注重歌唱能力的发展。儿童歌唱能力的发展不是一朝一夕就能完成的，它不但需要教师在安排教学内容时，要有意识地选择不同风格、不同情感的歌曲让儿童学习，同时在设计和组织教学的过程中，应注重儿童共鸣位置与美好音色、咬字吐词及气息的运用、情感的表达等歌唱能力的培养。

（4）深谙简单的指挥动作。这是歌唱教学一个不容忽视的细节，它关系到多个声部的演唱是否能够成为一个整体。所以，教师必须深谙简单的指挥动作，以便自如地引导儿童合唱。简单的指挥动作包括：一是柯尔文手势语，可在练习和声、音程时使用；二是简单的正规指挥动作，在引导儿童进行多声部歌曲演唱时使用。

4. 嗓音节奏训练实例——以字做嗓音节奏训练

字词朗诵《吹泡泡》

目标：喜欢参与嗓音节奏训练活动，领会和掌握运用字、词进行嗓音节奏训练的方法。

准备：肥皂泡吹具；儿童面向老师，按"同"字形坐好。

指导：

（1）教师拿出肥皂泡吹具，轻轻吹出一个个小小的泡泡，引导儿童观察泡泡由小变大，在空中飞，然后破裂的全过程，特别提醒儿童专注倾听在这一过程中发出的各种轻微的声响。

（2）请儿童用嗓音模仿吹泡泡"呼——"和泡泡破裂"啵"等声音。

（3）请一名儿童吹泡泡，教师带领其他儿童用这两种嗓音表现泡泡从生成到破裂的全过程。

（4）教师示范创编并朗诵《吹泡泡》，儿童跟念。

例 2-1

| 吹 泡 泡 - | 吹 泡 泡 - | 呼 - 呼 - | 呼 - - - |
| 泡 泡 破 了 | 泡 泡 破 了 | 啵 啵 啵 - | 啵 啵 啵 - ‖ |

（5）儿童轻声地朗诵《吹泡泡》，提醒儿童可以适当变换声音的大小、快慢，让朗诵变得更有趣。

小结：本活动从语言中最小的单位——字、词开始，引导儿童从无节奏地随意发声，到有节奏地朗诵字词，凸显了奥尔夫从"节奏基石"这个最小的元素开始进行的音乐教学的思想。本活动设计较为简单，适宜3~6岁初学的孩子学习；若面对的是3~6岁中期的孩子，教师可以引导孩子讨论，用一个音表示泡泡在空中飞舞的声音（如"Mmmm—"），然后引导孩子结合嗓音和身体动作，朗诵并表演一个较为完整的"吹泡泡—泡泡飞—泡泡破了"的过程；倘若面对的是更大年龄的孩子，可以逐步改变朗诵形式，适当增加难度。

（三）奥尔夫器乐造型训练的本土化教育实践

1. 器乐造型的内涵

奥尔夫课程体系中的器乐是指广义的乐器，不仅包含专门的奥尔夫乐器，也包含其他乐器，甚至还包含自制的乐器（即能发出声音的普通物体）

等。常见的奥尔夫乐器的分类有：打击乐器、音条乐器、弦乐器和管乐器等。

奥尔夫课程体系中的器乐造型，即指运用奥尔夫课程体系中的乐器进行演奏活动时所产生的物理属性、时空属性以及人的生理心理因素创造丰富的、立体的声音形象来反映客观世界具体事物，是以造型为基本表现手段，使人通过听觉来欣赏，并构成美感形象的艺术。

2. 器乐造型的教学意义

器乐造型的教学意义主要体现在以下几个方面。

（1）增进儿童对音乐的兴趣和分享音乐的快乐。器乐造型可用来加强歌唱的表现，是我们实现教学和艺术所必需的方法和手段。歌唱在音乐教育中始终保持首要位置，但不是每个儿童在任何时期都爱好唱歌，而我们的音乐教育就是要运用各种手段，使儿童能产生对音乐活动的兴趣和分享音乐的快乐。

（2）提高儿童对乐器的探索和演奏的兴趣和技能。奥尔夫乐器都是比较容易上手的，几乎人人可以掌握，对乐器的使用没有很高的技术技能要求，她是对教师教学活动的辅助，简单容易操作儿童比较快的能够掌握起来，引导儿童产生对乐器探索和认识的兴趣，并且愿意去弹奏、演奏它们。提高儿童的操作能力。

（3）有利于儿童良好个性和社会性的形成和发展。器乐造型训练对培养和发展儿童参与社会生活时的自我表现和把握、发展与他人合作、处理人际关系的能力、培养情商等方面都有一定的作用，这是音乐教育目的重要组成部分，也是器乐造型的社会功能的体现。

3. 器乐造型的教学类型

奥尔夫器乐造型的教学类型有器乐伴奏练习和器乐演奏练习。其中，器乐伴奏练习，指为歌曲、乐曲、儿歌、舞蹈等进行伴奏，以达到加强节奏、烘托气氛为目的的乐器练习。而器乐演奏练习，则是以即兴为精髓，以曲式结构为骨架，以探索不同的打击方法产生不同的音效为目的而进行的一种乐器练习。如《桥》《小动物郊游》《苍蝇的日记》《奥尔夫打击乐队》等。由于奥尔夫器乐造型的引入目的是作为身体（动作造型）和人声（嗓音造型）的拓展，而不是以乐器本身的演奏为终极目的，故此，奥尔夫的器乐演奏概念不能等同于我们通常认为的器乐演奏。

4. 奥尔夫乐器分类

常见的奥尔夫乐器分类有：无音高打击乐器、有音高音条乐器、弦乐器和管乐器等。

（1）无音高打击乐器。这类无音高打击乐器既有敲奏、拍击发声的木鱼、三角铁、鼓类等，也有摇动、刮擦发声的铃鼓、刮弧、镲等。按材质和发声特点可分为以下四类。

①皮革类：由皮革蒙在有共鸣体的圆桶上制成的鼓类。如手鼓、邦戈鼓、定音鼓、小军鼓等。

特点：有较强共鸣声，音量较大，音色较低沉、浑厚，适合于低音声部，在强拍上给人稳定感。

②木竹类：由木质或竹质材料制成。目前，市场上出现一种密度较高的塑料替代品，其色泽更加鲜艳，音色也很纯美。常见的有响木、击奏棒、双响筒、木鱼、舞板等。

特点：声音清脆、明亮、短促，无延绵音，颗粒性强，适合于表现较复杂、速度较快的节奏型，常担任旋律声部，演奏起来节奏清晰、干净利落。

③金属类：用铜、铁、铝等金属材料制成。常见的有碰铃、三角铁、钹和锣等。

特点：延绵音长、声音明亮、穿透力较强。有些乐器音量较大，在合奏中要特别小心控制，一般作为特色乐器使用；有些乐器音量较小，不适合在强拍上使用。总之，这种乐器有余音，不宜演奏快速的节奏型，避免混作一片。

④散响类：主要是根据发声特点来命名。常见的皮革类的有铃鼓、海鼓，金属类的有串铃、雪铃，木质塑料类的有沙锤、沙蛋等。此外，还有一些配合身体动作表演时佩戴的手串铃、脚铃、腰铃等，也可以归为散响乐器。因此，此类乐器也叫混响类乐器。

特点：除铃鼓外，大多音量较小、声音细碎，打击时较难控制，适合表现长音节奏，不宜表现较快或较慢的节奏。

以上四种打击乐器构成了奥尔夫无音高打击乐器合奏的基本编制，这些乐器大多属于纯发声器和节奏器，没有固定的音高。

一般与声势对等的是：皮革类：踩脚；金属或木竹类：拍腿；木竹或散响类：拍手；散响或金属类：捻指。

打击乐器常用符号：

鼓类（ ），木质类（ ），金属类（ ），散响类（ ）。

（2）有音高音条乐器。这类打击乐器通常也被称为有音高的打击乐器。按材质和发声特点可分为三类。

①钟琴：有 13 个长短不一的金属音条，一般是硬质的镀镍金属，分高、中两种，是德国人的传统乐器。

特点：声音清脆、明亮、富有诗意和儿童气息，一般用木质琴槌演奏；在音条乐器中钟琴声音最高，常被当作高声部运用；持续音长，不宜演奏快速音乐。它一般备用几个相当于黑键的升降音，可自由卸装、更换。

②木琴：有 13 个长短不一的带有共鸣箱的木质音条，一般由硬木（红木、紫檀木等）制成。现已有由压模合成的代用品，音准和质量更佳。分高、中、低音三种，来源于非洲的乐器。

特点：音色柔和，能产生较强的共鸣声，一般用绒毡琴槌演奏，常作旋律声部，也是整个合奏的核心。和钟琴一样，可自由卸装、更换，它一般备用几个相当于黑键的升降音。

③钢片琴：有 13 个长短不一的带有共鸣箱的钢片音条，分高、中、低三种。与钟琴同属金属音条乐器，有时也作为低音钟琴使用。❶

特点：音色低沉、圆润、光泽、具有"流水般的"金属声音，一般用毛线琴槌演奏，音条可自由装卸。

以上所介绍的音条乐器，包括钟琴、钢片琴和木琴，后来又加上自制的玻璃杯琴等，它们是节奏乐器和旋律乐器之间的桥梁，也因此成了所有发声乐器的核心。

（3）弦乐器、管乐器等其他乐器。

①弦乐器：包括拔弦和拉弦乐器，常见的有各种甘巴琴、费德尔琴、吉他、扬琴和琉特琴等。作为低音乐器还有大提琴和低音提琴等。

②管乐器：包括竖笛、竹笛、佐尔顿双簧管、克鲁姆双簧管和其他簧管

---

❶ 威廉·凯勒. 奥尔夫学校音乐教材（入门）［M］. 金经言，译. 上海：上海教育出版社，2003.

乐器等。而在我们国内的奥尔夫音乐课堂上，出现频率最高的非竖笛莫属。

③键盘乐器：通常指钢琴、手风琴、羽管键琴和古钢琴。

虽然在奥尔夫乐器的编制里有键盘乐器这一词，但在奥尔夫音乐教材和音乐活动中很少出现这类乐器，原因纵然有多种多样，但目前并没有相关的材料说明，唯有以下三个看法仅供参考：

第一，这类乐器的演奏需要有较难的技巧，无法做到短时间内人人都能学会并能自如运用的效果，这有悖于奥尔夫提倡"人人可以参与其间"的初衷。

第二，这类乐器的"主角"意识相当突出，音色过于华美，表现力过于强大，通常一加入，就很难再听到其他乐器的声音存在，不利于参与者的共同进步。

第三，时代的变迁造成，当今社会除钢琴以外，其他的键盘乐器几乎都已经不流行了。

当然，就羽管键琴和古钢琴这两件古老的键盘乐器的音响特点而言，可以把它们定位为替补乐器。主要是羽管键琴和我们使用的音条乐器和打击乐器的音响比较相配，它也像这些乐器一样，触键时没有更多的表情可言，并在选定的音区里力度可保持不变。但尽管有这些优点，奥尔夫仍然提出警告，不能过多使用这类乐器，以避免牺牲统一性和风格的纯洁性。❶

5. 器乐演奏教学实例——器乐演奏教学实例

器乐演奏《奥尔夫打击乐队》

目标：学习指挥和看指挥进行演奏的方式方法，体验运用奥尔夫打击乐器进行即兴演奏的乐趣。

准备：儿童围坐成一大圈，人手一件乐器（奥尔夫编制里提到的各种打击乐器）。

指导：

（1）分辨音的长短。

①教师先让所有儿童一起敲奏手中乐器，倾听是否有的乐器音长有的乐器音短。

---

❶　威廉·凯勒. 奥尔夫学校音乐教材（入门）[M]. 金经言，译. 上海：上海教育出版社，2003.

②儿童按顺时针或逆时针方向，一个接一个地敲奏自己手中的乐器，前提是必须等待前一个演奏的乐器声音消失后才可以往下接，直至圈上所有人演奏完毕。

③全体儿童共同回忆有延长音的是哪些乐器（金属类乐器和少数皮质类乐器等），无延长音的是哪些乐器（木竹类乐器和多数皮质类乐器等）。

提示：可以根据长音、短音划分乐队中的组别，也可以按金属类、木质、皮质、散响类等材质分组演奏。

（2）学习看指挥的手势。

①停止：教师双手手臂平举在身体前方两侧，手掌立起，手心向外。儿童手握乐器安静等待。

提示：由于所有音乐都是从静止的状态下开始的，因此指挥练习也应该从停止安静的手势开始学习，并眼随指挥练习以下的音乐元素。

②开始：教师双手手臂平举在身体前方两侧，手掌放平，手心朝上，同时手掌手指不停抖动。儿童持续敲奏不停。

③弱与强：

弱——教师双手手掌放平，手心朝上，收拢在胸前，儿童轻声敲奏乐器；

强——教师双手手掌放平，手心朝上，打开在身体的头部两侧，儿童大声敲奏乐器；

渐强——当教师双手从收拢的胸前慢慢打开至头顶两侧，儿童从小声敲奏渐渐转为大声；

渐弱——当教师双手从头顶两侧慢慢收回至胸前合拢时，儿童从大声敲奏渐渐转为小声。

当教师双手突然举到头顶两侧时为突强，当双手突然收回到胸前合拢时为突弱。

④单音与静音：教师在吸气的同时将双手握空拳收至胸前，吐气时快速将双手往外摊开手掌并立即收回成握空拳状，儿童在教师双手往外送的同时敲奏一次乐器，即成单音；往回收时动作停止，即成静音，有延长音的乐器敲奏后马上做出制止继续发声的动作（即闷奏）。

⑤结束：教师双手手臂平举在身体前方两侧，手掌立起，手心向外。儿童手握乐器安静等待。

（3）儿童学习即兴指挥。

①儿童在教师的带领下，逐一学习停止、开始、结束，弱与强、慢与快、单音与静音等指挥动作。

②请儿童代表轮流上台，按所学的指挥动作，指挥同伴即兴演奏。

提示：指挥前，提醒指挥者先安静思考指挥方案，再指挥同伴进行练习。

小结：本活动有四个值得梳理的经验：一是学习指挥和被指挥演奏打击乐器的经验；二是积累初步地演奏打击乐器的经验；三是丰富了各种打击乐器音长、音色、音量等特点的感性认识；四是提升了即兴指挥、即兴演奏、即兴创编的能力。除此之外，更为重要的是激发了参与奥尔夫器乐造型活动的兴趣和热情。

（四）奥尔夫动作造型训练的本土化教育实践

1. 动作造型的内涵

动作造型，就是运用身体动作这一物理属性、时空属性，以及人的生理、心理因素创造丰富的、立体的动作形象来反映客观世界具体事物，是以造型为基本表现手段，使人通过视觉来欣赏，并构成美感形象的艺术。

2. "动作造型"的教学意义

说起奥尔夫音乐教育中动作造型教学的目的，还得从他成立的京特学校说起。20 世纪 20 年代，欧洲的新思潮层出不穷，一种"回归自然"的新观念影响着社会各个领域。体态律动的教学活动，是指听到音乐后，根据音乐的旋律进行动作反应，训练节奏感的一种教学方法。现在这种音乐教学方法已经流传至各国，被各国的音乐教育者广泛关注和应用。对于奥尔夫的音乐教育来说，这种融音乐、动作、舞蹈、语言为一体的动作节奏教学，具有以下几个目的。

（1）促进身心平衡。这种把动作结合进音乐教育，可以将儿童作为一个整体对其进行感性和理性、身体与心理的综合平衡训练，培养儿童身心的自控把握能力和发展富有动力生命等方面，这确实是其他课程都难以做到的，所以它更利于素质教育。

（2）培养听力和反应力。在音乐实践中律动，是要求儿童在听到音乐后通过动作自觉反应出来的，首先它需要儿童专注倾听音乐、分辨音乐，然后通过"身体动作"把"音乐"外化出来。因此，只有听得准确、听觉敏

锐，又反应迅速，才能使人一目了然。

（3）发展表现力和创造力。音乐活动中，儿童常被要求充分发挥自己的想象，把自己对音乐（各种音乐元素）的理解用动作大胆表现出来。这种即兴表演一方面能满足儿童自我表现的愿望，另一方面又能促进儿童创作的欲望，是培养表现力和创造力最简单又最有效的方法。

（4）训练节奏感。以身体为乐器，通过动作挖掘人与生俱来的节奏感，使之体验和发展人敏锐的节奏感。如对儿童来说，通过动作来发展他们对节奏的直接感受和体验，是最佳接受期，效果非常好；而对于成年人来讲，通过动作不但帮助他们找回原本潜藏的节奏本能，还是补充逐渐丧失的身心协调能力的最佳途径。

（5）提升音乐感。用动作作为音乐的"化身"，将音乐的要素（音的高低、走向、速度、节奏、音量、音色，以至音乐的情绪、风格、乐句、曲式结构等）通过身体动作"演奏"出来，这种方式运用到音乐教育上可以提升儿童敏锐的音乐感受能力。

因此，唤醒人的本能的这种音乐教学方法需要融入身体动作，对培养人的音乐感知能力有着非常重要的意义。先培养感知音乐节奏感和韵律感；再促进身心和谐发展；最后上升到情感的发展，丰富创造力，促使人和谐、全面、健康的发展。

3. 动作造型的教学类型及素材

奥尔夫课程体系中的动作造型又可以分成指挥和声势、律动和舞蹈、戏剧和游戏等。

（1）指挥和声势。

①指挥。在奥尔夫音乐课堂上，指挥被称为"报时表演"。在奥尔夫的《学校音乐教材》中，指挥具有中央报时器的功能，该报时器犹如首席提琴，从节奏角度带领着整个表演小组。所以，指挥应与相关的身体动作（如拍手、跺脚、拍腿、捻指等）练习结合进行。当然，指挥练习也可和朗诵练习、歌唱练习和器乐演奏练习结合进行。❶

②声势。声势是指以人的身体作为乐器，通过身体动作发出声音的动作

---

❶ 威廉·凯勒. 奥尔夫学习音乐教材（入门）[M]. 金经言，译. 上海：上海教育出版社，2003.

姿势。这些动作姿势包括拍手、拍腿、跺脚、捻指等。这些被称作古典声势，也是最基本的声势动作。是我们最原始最基本的声势，能够表现人们最原始的情感状态，他出现早于语言和音乐。一直被运用到今天。甚至是长盛不衰。如大型活动中，我们可以用拍手、跺脚等表示愉快的心情。观看演出时，可以用拍手表示赞美之情。由于它具有低成本、高效率的功能，所以它被世界各国音乐教学称为最实用且高效率的一种教学手段。❶

声势教学类型：包含声势训练与声势伴奏两大类。

声势训练——节奏回声、节奏造句、节奏接龙；

声势伴奏——固定音型的运用。

（2）律动和舞蹈。奥尔夫的"音乐与舞蹈教学法"延续了达尔克罗兹的"体态律动教学方法"。在这里，我们不妨把奥尔夫教学里"律动""舞蹈"的含义理解为接近于达尔克罗兹的"体态律动"。当然，在陈蓉著的《音乐教学法教程》里，也有针对"体态律动和舞蹈"二者关系的相关说明。❷

①律动。律动体现的是节奏的疏密、旋律变化和情感变化的体现，需要用人用心去感受音乐，用整个身体来表现音乐。要求身心都投入到音乐中去，并且对音乐的理解和感受是准确的才能用准确的符合音乐的动作表现出充满情感律动的体态。

②舞蹈。舞蹈不仅仅是一种简单的运动活动，要求舞蹈演员要用肢体动作表达出自己所扮演的音乐角色的人物特点，音乐起到渲染烘托的作用。舞蹈演员要根据音乐角色特点来编配动作，如果理解音乐不正确，往往会出现舞蹈演员情绪动作与音乐要表达的情感不吻合的现象。

③律动和舞蹈的联系。二者的不同之处：体态律动是围绕这音乐的节奏、旋律、情绪的变化来表现音乐元素的活动，是音乐的情感的体现。在体态律动活动过程中，音乐是主体，律动是方式。而舞蹈首先要体现的是角色形象，用舞蹈动作表现角色情感，不是单纯的要求表达音乐元素，音乐结构、固定音型对舞蹈创编影响不大。

二者的相同之处：

---

❶ 李姐娜，修海林，尹爱青. 奥尔夫音乐教育思想与实践［M］. 上海：上海教育出版社，2009.

❷ 陈蓉. 音乐教学法教程［M］. 上海：上海音乐学院出版社，2013.

第一，从体态律动和舞蹈的内容来看，这两者都包含动作元素，两者都是由动作行为发展起来的并且与音乐都有着紧密的联系；

第二，体态律动和生活舞蹈（舞蹈分为生活舞蹈和艺术舞蹈）都有即兴的成分，体态律动提倡每个人有自己的动作体系，而不是单纯的模仿，对听辨音乐的表达有很强的即兴性。生活舞蹈大多来自各国民间，反映民族的风俗习惯、社会风貌，文化传统和民族性格特征，也有即兴的成分。是人们为自己的生活需要而进行的舞蹈活动。

（3）戏剧和游戏。

①戏剧。戏剧的表演形式多种多样，常见的包括话剧、歌剧、舞剧、音乐剧、木偶戏等。由于文化背景的差别，不同文化所产生的戏剧形式往往拥有独特的传统和程式，比如西方戏剧、中国戏曲、印度梵剧、日本能乐和歌舞伎等。

戏剧将众多艺术形式，以一种标准聚合在一起，这些形式包括：诗、乐、舞。诗指文学，乐指音乐伴奏，舞指表演。此外还包括舞台美术、服装、化妆等方面。而中国的戏曲以唱、念、做、打为基本手段，几乎将各类表演艺术成分集于一台。戏曲演员必须掌握"四功五法"（即唱、念、做、打，口、手、眼、身、步）。

②游戏。奥尔夫教学法要求每一堂课都是游戏。无论是教学内容，还是教学方法，甚至是教学形式，都要求具有典型的游戏性。当然，这种游戏不是纯粹玩乐的游戏，而是通过游戏学习音乐元素，发展音乐能力，提高音乐素养。

4. 动作造型教学实例

（1）身体游戏《雕塑家》。

歌曲选用美国乡村歌曲《扬基歌》

目标：在音乐的伴随下，配合同伴"雕塑家"的指示，运用流动的身体动作塑造丰富的、立体的动作形象，培养参与者的默契感与合作性。

准备：雕塑家的作品图片。

指导：

①选取三张雕塑家的作品图片，让儿童仔细观赏，并与同伴交流各自观感。

②儿童四人一组，选择各自喜欢的动作形象进行模仿，相互评价。

③教师邀请其中一组儿童配合，讲解示范游戏玩法，强调规则：

"现在，我是一位'雕塑家'，我要为这四位伙伴做一个造型，请大家密切配合，做好后就要控制好自己的身体，保持好自己的造型，不随意晃动。"

玩法：前奏时，"雕塑家"带领四位伙伴边拍手，边按一定的顺序站好；主旋律部（即 ABAB），"雕塑家"在音乐伴随下，逐段对每位伙伴的身体进行塑造，一段音乐塑造一位伙伴；尾奏时，"雕塑家"对自己的作品进行最后审视，不妥之处稍加修正。音乐结束，造型塑造完毕。待"雕塑家"发布"废除!"指令，四位被雕塑者立马放松身心，瘫坐在地。

规则："雕塑家"应按乐段的变化即兴地对伙伴进行造型活动；"被塑造者"在等待时，身体要完全放松，塑造时全力配合，塑造后控制好动作，听到指令后才能放松全身并瘫坐在地上。

④儿童五人一组随音乐玩游戏，对各自的成果互相欣赏评价。提醒儿童可轮流扮演"雕塑家"，并自觉遵守游戏规则进行游戏。

小结：展示在图片上的造型本来是一种表面的静态形象，但在孩子们脑海中的动作想象冲击下，被赋予动态的品质。本游戏就是利用孩子的这一"特性"而开展的。游戏中，孩子必须主动聆听音乐节奏并感受乐句的变化，同时要相互结对学习指挥或服从指挥，并从彼此的动作中学习更多身体运动的可能性，也从彼此的动作中发现灵感，最终成为相互启发相互合作的伙伴，"共享开放的空间"，身体得到"自由的舒展"。

（2）指挥练习——基本节拍的指挥要领。在奥尔夫的音乐课堂上，要求所有的儿童都应参与指挥的练习，从而使全体儿童最终都能接受指挥的任务。因此，规范的指挥手势、各种节拍的指挥要领也就自然而然成为人人必须学习并熟练掌握的技能。

目标：学习通用的指挥动作，掌握各种基本节拍的指挥要领。

准备：各种节拍的指挥线路图。

指导：如下。

①教师讲解动作要领。

预备：双臂高举（不耸肩），小臂向内（双手几乎相碰），手指收拢（犹如手心握一鸡蛋），手背向上（手背保持不翻转）。

开始：手腕放松，手指收拢，双手上下摆动区域大约在身体中部至上方，向下必须富有弹性，身体可以稍向前倾但不向后倾。

结束：最好先有一个向外的富有弹性的划圆动作，然后回到身体中部，左手在上，右手在下，收住停止。

②儿童学习指挥动作。如果是 2/4、4/4 拍，它的强弱周期性规律是：强拍，弱拍，次强拍，弱拍。

分解动作练习：

第一拍强拍，两手应保持适当距离，向下做击拍动作，反射动作沿击拍动作自然向上弹起，注意不要过分斜向外侧。第一拍的反射动作实际上也成为指挥第二拍的准备动作了。

第二拍弱拍，指挥动作在第一拍指挥动作的里侧，击拍动作幅度相应收小，反射时两手不能产生交叉，最多两手掌部稍有重叠。

第三拍是次强拍，击拍动作向外侧进行（略斜向下），反射动作顺势向上弹起。

第四拍是弱拍，顺着第三拍反射动作自然回落之势，向下方做第四拍的击拍动作，反射动作由里侧向上弹起。

结合歌谣练习：边哼唱歌曲《大灰熊》或朗诵歌谣《大鼓小鼓》，边连贯做出 2/4 拍的指挥动作。边哼唱歌曲《小星星》或朗诵格言《三思而行》，边连贯做出 4/4 拍的指挥动作。

提示：选择熟悉的歌谣进行练习，可减轻哼唱方面的负担，有利于专心练习指挥动作。

如果是 3/4、6/8 拍，它的强弱周期性规律是：强拍，弱拍，弱拍，次强拍，弱拍，弱拍。

提示：虽然 3/4、6/8 拍与 2/4、4/4 拍的路线不同，但强拍和弱拍的打击要求是一样的，在此不再重复。

结合歌谣练习：边哼唱歌曲《生日歌》或朗诵词语《家乡美食》，边连贯做出音拍的指挥动作。边哼唱歌曲《平安夜》或朗诵童谣《轰隆轰隆》，边连贯做出音拍的指挥动作。

第二节　柯达伊学前音乐教学体系

一、柯达伊教学体系简述

（一）柯达伊教学体系的形成

佐尔坦·柯达伊（Zoltan Kodaly，1882—1967），匈牙利作曲家、民族音乐理论家、音乐教育家。他出生于布达佩斯南部的文化名城克奇克梅特市，少年时期学习钢琴、小提琴、中提琴、大提琴等多种乐器，后来在布达佩斯的李斯特音乐学院学习作曲和指挥。1904 年获得作曲专业的毕业文凭，1905 年获得德文教师资格证书，1906 年以《匈牙利民间歌曲歌词结构》为题的论文获得博士学位。1907—1940 年担任李斯特音乐学院作曲专业的教师。1925 年开始关注青少年音乐教育。从幼儿园到音乐学院，他为学校音乐教育使用的各种教材写作了上千首歌唱与读谱的小型音乐作品。

进入教材的上千首小型音乐作品，加上柯达伊有关音乐教育改革的文章、评论、讲话，再加上柯达伊领导下的众多优秀作曲家、教育家、教师们在实践中共同努力创造的教学方法，被国际音乐教育界统称为"柯达伊音乐教学法"。

作为一名作曲家，柯达伊音乐教育思想的形成离不开其音乐创作理念，也离不开具有音乐教育革新精神的前辈。

第一，柯达伊音乐教育理念与他的音乐创作信念密切相关。他认为，民歌的延续必须回归到人们生活中，成为人们朗朗上口、不断传唱的音乐，而实现这一目标的有效途径是通过音乐教育。于是，作为作曲家的柯达伊开始关注音乐教育，系统思考音乐教育的哲学与实践层面的问题，探讨音乐教育的最佳方案。

第二，柯达伊的音乐教育思想受其他欧洲音乐家、音乐教育家的影响。如英国柯尔文创立的用于帮助儿童理解音级之间高低关系、调式音级倾向的手势，柯达伊不仅直接采用而且把其抽象的音高关系用直观形象表达的这种思想贯穿于音乐教学始终；又如瑞士达尔克罗兹创立的"音乐学习离不开身

体运动"的体态律动思想，在柯达伊音乐教学体系中也是处于非常醒目的位置。

(二) 柯达伊音乐教育的基本理念

1. 音乐为全民所共有，人人都应该有接受音乐教育的权利和义务

柯达伊反复强调"音乐是人类文化绝不可少的部分，没有音乐的人是不完全的人"，积极倡导"要使音乐属于每一个人"。所以，柯达伊音乐教育的核心思想是人本的或者说是民本的。柯达伊音乐教学正是在这种人本思想的支配下展开的。

2. 民歌是音乐教育的基础教材

对匈牙利历史与社会的长期深入考察，使柯达伊体会到音乐教育不仅是培养合格的听众乃至专业的音乐人才，同时还是培养熟悉和热爱本国文化的社会成员的重要途径。鉴于此，他在《音乐教育中民音歌曲的作用》一文中指出："每个民族都有大量的特别适合于教学的民间歌曲。如果我们想了解其他民族，首先必须懂得自己的民族。没有其他更好的办法比得上通过民间音乐去达到这一目标的了。"

匈牙利普通学校音乐教材中有大量的民间歌曲。这些歌曲往往配有精美的图片、生动的故事，旨在激发儿童的学习兴趣；对这些歌曲的练习与演唱，往往会根据歌曲内容设计为对唱、轮唱等多种歌唱形式，还会配以既传统又幽默的动作进行表演。这些举措是对柯达伊"民歌是音乐教育的基础教材"理念的贯彻。柯达伊强调，没有任何一个杰作能够代替传统的作用，所以民歌必须成为每一节音乐课的一个部分，以便传统得以延续。他说："如果每一代人都不能够很好地继承传统的话，我们祖先的文化不久将要消失，文化是不能自动永存的，我们正是在为此而工作。"当然，随着儿童音乐经验的积累和知识的增长，在熟悉、热爱本民族民间音乐的基础上，可以逐渐增加其他国家、其他民族民间音乐的学习内容。熟悉自己的，才能更好地理解别人的，想要理解其他民族的音乐，前提是理解自己民族的音乐。

3. 音乐教育要及早开始

柯达伊曾这样说道："一个人在他 15 岁时即使还没有特定的打算，也不妨碍他将来成为一个出色的工程师、化学师等。但是，如果他的听觉没有受到从 6 岁甚至更早开始的，通过游戏方式进行的定期训练的话，他就不可能获得音乐。音乐在普通学校是如此重要，甚至超过音乐本身，培养音乐的听众就是在培养一个社会。"以柯达伊发表《音乐在幼儿园》一文为标志，他开始进行幼儿园的音乐教育改革，并不遗余力地倡导"音乐应及早开始"的理念。他强调婴儿和 3~7 岁年龄阶段是受音乐教育最重要的阶段，在这个年龄阶段音乐教育或被损害或被疏忽，将来不仅很难补救，而且对人的一生也会有巨大影响。所以，柯达伊的音乐教学体系不仅体现人本思想，而且以早期音乐教育为基础。

4. 歌唱是音乐教育的基础

1929 年柯达伊在《儿童的合唱》一文中指出，只有以歌唱为基础的教育形式才能使音乐普及到每一个儿童，因为器乐毕竟只是少数人的事。他说："只有人声——对所有人来说是与生俱有的可以自由使用的乐器——才是使音乐文化属于每一个人的沃土。"

歌唱是音乐教育基础的理念背后对音乐教育价值与本土条件的考量。柯达伊认为，音乐教育的价值或目的"不是传播专门名词和概念，而是实践。我们必须帮助儿童学会唱、读和写他们听到的旋律"。柯达伊所持的音乐教育实践价值观促使他重视音乐的演唱、演奏等音乐表演方式，而匈牙利比较落后的经济条件，让柯达伊在选择音乐教育制作类型时毫不迟疑地选择了演唱而非演奏，也就顺理成章。

不过，柯达伊所说的歌唱其实质是合唱或合唱中的歌唱。柯达伊还强调合唱的关键不是技术，而是灵魂、精神。合唱中忘我投入所创造的和谐之美，可以成就集体感和友谊，可以给人带来精神升华的时刻。

5. 唯有好的音乐才可以作为音乐的教材

柯达伊认为，儿童的纯洁心灵是神圣的，我们给予他们的必须是能够经得住考验的真正艺术。如果我们播种下坏的东西，就将终生毒害他们的心灵。但是，他也觉察到音乐教育理念与行为的落差，体会到提出或会说理念是一回事，实现或做到理念是另一回事。所以，他呼吁："我们的确在理论上承认，只有最好的才最适合于儿童，但是在实际中却常常被忽视，以为任何东西对孩子都是合适的……针对传统匈牙利学校音乐教材中充斥着质量不高的音乐作品的现象，柯达伊指出："如果需要什么新的创作作品（除传统歌曲外的），应该让有足够才能和资格的作曲家去写作，正如我们不可能自己给孩子们制作皮鞋一样。制作皮鞋由懂行的工匠去完成，而编写音乐教材、创

作儿童作品则是由有才能的作曲家来完成，不是由知识浅薄的人来写作。在我们允许儿童歌唱这些作品之前，必须保证它们经得住严格批评，并且站得住脚。"自柯达伊以来，尽管学校使用的音乐教材都是由有经验的专家们编写的，但是在出版之前仍然要经过科学院的理论研究专家审查评论，以防有任何不合逻辑、不好的东西保留其中。这种严格的教材审查制度在匈牙利一直延续至今。

二、柯达伊学前音乐教学体系的本土化教学

（一）柯达伊音乐教学法对我国学前音乐教育的启示

柯达伊认为，人学习语言首先学的是母语，那么音乐的学习也要从本民族音乐开始，让国民从小就建立本民族的音乐思维方式。所以，民族音乐就是本国音乐教育的基础。

柯达伊支持借鉴世界各国优秀的音乐教学方法，但是需根据自己本国的实际进行修改，使其成为具有本国特色的音乐教育模式，体现了他的本土化音乐教育观念，柯达伊教学法有四种教学形式：柯达伊手势、首调唱名法、节奏时值读法、节奏字母简谱，在欧洲国家得到了很好的运用。

1. 在音乐教育中的本土化借鉴

（1）从中国国情出发开展音乐教育。在中国的学校教育中存在着一系列的问题。例如，每个班级都有较多的儿童，而教学设施的配备不能满足实际儿童的需要，这是一个普遍存在的问题。因此，在中国普通的学校里，课堂上普及使用乐器是意见不容易做到的事。

柯达伊教学体系倡导的"从歌唱教学入手"，也就是说以歌唱教学为中心，这是符合我们目前的教育形式的。另外，在人数较多的音乐课堂里，柯尔文手势作为一种教学辅助工具可以获得更好的教学效果，解决儿童的音准与演唱等各方面问题，同时，也可以使老师更容易掌握、把控课堂。

（2）强调本民族音乐。中国的音乐教育有着悠久的历史。孔子就曾经提出"兴于师、立于礼、成于乐"的观点，并将"乐"列为六艺之一，作为古代教育的必修课程。盛唐时期，唐玄宗创建了音乐教育机构——"梨园"。宋元明清等朝代也都有相应的音乐教育机构，这都是我国音乐教育的历史。

但是，我国古代音乐教育是与政治紧密相连的，音乐始终是统治阶级进行阶级统治的一种工具，因此，很多统治者十分重视音乐的社会功能，也就由此限制了民间音乐艺术的发展。即使朱载培研究十二平均律这种音乐理论上的重大成果，也不被统治者所重视而束之高阁。

1840 年鸦片战争，中国的大门在西方资本主义列强的侵略下被迫打开，音乐教育也是如此。西洋音乐的大量传入我国，本民族音乐一度受到冷落。

柯达伊认为"没有任何一个杰作能够代替传统的作用"。他重视民间音乐，将民间音乐引入课堂，这种教育思想十分符合我国民族文化的发展，有利于继承、发扬我国的传统音乐文化。

如果我们把中国传统民间音乐引入学校的音乐课堂之中，那么，我们的下一代将会歌唱纯粹的中国民间歌曲，体会祖国悠久、灿烂的音乐文化，受到中国传统民族音乐的熏陶，潜移默化地提升孩子们的爱国热情和民族自豪感。

（3）优秀的音乐师资。在我国，有不少学校不重视音乐课，把音乐课列为"小三门"，由其他文化课教师来兼任。还有一些学乐器的儿童家长觉得基础内容简单，只需要"随便找一个老师"就行了。其实，入门阶段才是最重要的时期。

柯达伊强调，儿童的音乐教育在刚开始时就必须得到重视，要由受过良好专业训练的教师来指导。无论是音乐教育的专业化，还是儿童音乐教育的专业化理念，都需要家长、教师们的真正理解以及教育部门的支持。只有当更多的人认识到音乐教育之重要性后，音乐教育事业才能蓬勃发展。

（4）以演唱为主进行音乐教育。柯达伊音乐教学法的主要特征之一就是以演唱为主。在匈牙利，之所以学校教育重视歌唱教学是有一定原因的。"一战"后，匈牙利的经济发展受到严重的损失，教育的发展也停滞不前，乐器在学校音乐教育中难以实行。在这样的处境下，歌唱就成为匈牙利学校音乐教育的主要内容。

在我国，尤其是改革开放之后，人民的生活水平有了很大的提高，精神生活也随之改善。儿童与青少年都可以接受不同程度的学校教育，但是，学习乐器还并没有做到普及。于是，我们应该利用人类自身最好的乐器——嗓音去学习音乐，普及音乐教育。

柯达伊编写了许多合唱歌曲以及合唱练习曲进行系统的合唱训练，这对于我国班级人数多的情况来说是切实可行的。儿童通过一定程度的合唱训练，感受到音乐的魅力，体会到了团队合作的力量。

（5）重视节奏的训练。从目前我国的学前音乐教材来看，对于节奏的训练是少之又少，即使有也并没有得以重视，而是一笔带过。实际上，节奏训练在我国有着一定的优势，很多的山歌民谣都十分强调节奏，而且我国的民族打击乐也富有特点，种类丰富。这都是我们可以从中挖掘，并将其纳入教材的音乐素材。

2. 对中国音乐教育的特殊意义

（1）立足民族性，发展世界性。科达伊对匈牙利真正的民歌从亲自采集、收录、整理、研究、出版、加工，直到改编成系统的学校音乐教材，这整个过程和工程都值得中国人认真地学习。他把一个民族心灵和心声，重新地发掘和再现了出来。既体现了真正的民族传统，又体现了国际文化的渗透和交融。他编写的教材系列始终贯穿着这样的内容、精神和风格。从这一点上来说，科达伊体系和奥尔夫体系一样，都有助于我们既发扬音乐教育的民族性，同时也杜绝狭隘的民族主义、沙文主义，以促进音乐教育的国际性、洲际性、世界性和人类性。

（2）音乐语言和风格的亲和性。匈牙利民族民间音乐的语言和风格源自亚洲，所以在乐制、乐汇、调式、乐曲结构等方面，都和我国音乐有直接的、历史的渊源关系。例如德意志音乐，尽管和中国音乐有很大的距离，但是，奥尔夫遵循人类音乐文化和历史发展的过程以及人类从童年逐步成长的规律所写成的音乐教材，在音乐语言和风格上也都和我国音乐有着极大的亲和性，不仅同样以二、三声发展至五声乃至七声的自然音阶为主，而且同样以人类共同的、原本性的节奏—旋律为主，同样以人类语言—动作—音乐合而为一的自然表现形态为主。因此，这两个体系虽然对中国说来是异族的、外来的，却又仿佛就是中国的，毫无陌生的感觉。所以，这两个体系天然地适合于在中国推广，而不需要什么移植，因为它们本来就有着相同的根和相同的枝叶，而不需要剪接，尽管最后开出的花、结出的果会截然不同。

（3）即兴与系统的统一。科达伊体系突出的系统性正是中国学校音乐教育所同样需要的。即兴与统一从不同而又相似的两个侧面和角度为我们提供了良好的范例，使我们能从两个方面都学习到其长处。中国的学校音乐教育，事实上既需要高度的即兴性、灵活性、创造性，而同时也需要高度的系统性、体系性，这二者缺一不可，均不可偏废。那种被纸面上的教学大纲和现成的教材所束缚，并以机械地、形式上地完成教学大纲规定的要求作为完成任务式的音乐教育是低级的。但是，反过来，教材残缺不全、教学杂乱无章、无序可循的音乐教育，也不可能成为高水平的。就教材的系统性和教材大纲的完整性来说，学习科达伊体系显然要比学习奥尔夫体系好办得多，但这并不等于说那样去学习科达伊就一定有成效。如果只知道照本宣科、按部就班，也绝不可能把科达伊体系学好、教好。

（4）声乐与器乐的统一。由于使用一般传统的乐器，包括民间乐器，都存在着演奏技术和看谱的问题，严重地影响并限制了一般儿童（尤其是幼儿）对乐器的使用，重奏—合奏则更为困难。人类的音乐以人声为基础，但乐器的发明和发展却标志着人类音乐的巨大进步和无限丰富。在西方的"文艺复兴"后，随着乐器的发展，器乐也从声乐的制约中独立了出来，成为人类音乐的两大部类之一，与声乐并驾齐驱。可是在国民音乐教育领域中，器乐却始终不可能像声乐那样得到同等普及的地位。除了一小部分、个别的儿童在课余或家庭中、社会上得以学奏某一件乐器（如钢琴、小提琴）以外，在学校的音乐课中，乐器只能作为教师专用的声乐伴奏工具而存在。

科达伊对人声和歌唱的培训，不仅有科学的、系统的方式方法，更有系列的、完整的教材。这方面有待于我们系统、深入学习。二声部歌唱的训练，开始时用问答或回声的方式进行，然后用手势指挥，最后用音名。最初教师唱一个声部，全体儿童唱另一个声部。然后全体儿童一分为二地唱两个声部，最后由每两个儿童进行二声部歌唱。从而达到人人能独立进行二声部歌唱的最终目的。科达伊写道："谁总是唱齐唱，就不会唱得正确，几个声部相继地进入和交叠，才能自然而然地找到它们的均衡。"有时为了能确实听到自己所唱的旋律或声部，应当要求孩子（儿童也一样）闭口不唱，而却能在内心听到旋律的进行。可以用这样的具体方法：选一首熟悉的旋律，让孩子们唱。教师给一个讯号时，孩子们立即停止歌唱，但心中却继续无声地"唱"下去。教师再给一个讯号时，孩子们必须能准确无误地、整齐地继续唱出该旋律的进行。尤其可以采用分节歌，一段唱、一段不唱，以显示不唱时音乐节奏照样在继续进行，并保证再唱时准确无误。二声部歌唱也可以采取在发出一定的信号时停止一个声部的办法进行，或发出另一个信号即进行

声部交换等。这些办法也可以用于乐器演奏中。

科达伊写了一本《黑键上奏的 24 首卡农》，要求儿童一开始只弹一个声部，而同时唱第二声部，然后才用双手以一个八度的距离在钢琴上奏二声部卡农。这样可以确保乐器演奏者确实用内心的感受和听觉去控制、去掌握相互独立而又紧密结合的两个声部。这样既突出了两个声部的立体性，又保证了每个声部独立的个性。出于同一个理念，科达伊正如写《家庭音乐守则》的德意志作曲家舒曼一样，把复调大师巴赫的音乐称作好音乐家的"每日的面包"。科达伊要求用移调的方式来演奏巴赫的作品，最好是唱一个声部，手奏其他声部。科达伊认为二声部唱一奏是一切奏乐的基础，所以写有许多专题的教材。他更发起在全匈牙利举行视唱比赛，分高、中、低三级进行。多年来，他为高级组比赛作有二声部乐曲，如《33 首二声部歌唱练习》《22 首二声部歌唱练习》。同样，也在匈牙利学校中举行类似的读谱和听乐记谱的比赛。这些对促进和提高全国音乐教育的水平，都大有裨益。

（5）教育与音乐的统一。科达伊基于同样的认识，认为音乐教育是国家的系统建设、是国家的职责，而这个任务应当通过学校去完成。正是在这样的思想指导下，科达伊把学校中的唱歌课作为是"人民的教化"去从事。

有些人认为科达伊体系过于强调音乐专门训练，不惜加以强制地去操练。这种观点是以片面地、不成功地甚至错误地贯彻了科达伊体系的音乐教学为依据的。事实正是如此，如果不是全面地、认真地、创造性地理解和实践科达伊体系的教学，往往是可能有这样的危险的。犯这样的错误或偏向的人大有人在。

如今在世界范围内，据称是按柯达伊体系在教学的人何止千万，但深得其精髓的、成功的，绝不可能是全部。不少人使柯达伊体系的教学流于一般的唱歌、游戏，根本不是胸有成竹地使每一个环节具有高度的意识性和目的性。同样也有不少人使自己的"科达伊教学"流于千篇一律的、机械的唱音名、打手势，以及硬性规定儿童背唱若干首歌曲等，这样就和传统的唱歌课并无本质的差异。总之，对于柯达伊教学体系的应用应该从实际出发并且科学合理，这才是对我国音乐教育的重要意义。

（二）柯达伊音乐教学体系的教学手段

柯达伊音乐教学体系中主要使用的音乐教学手段有五种：首调唱名唱法、

节奏读法、字母谱、手势和固定音名唱法。根据我国音乐教育现状，我们主要介绍前面四种。

1. 首调唱名唱法

首调唱名唱法俗称移动 Do 唱法，即每个大调的主音都唱 Do。首调唱名体系突出的优势是使变化音级的概念变得简单，进而使烦琐复杂的调性关系变得简单明了。在柯达伊使用的首调唱名体系中，首调音级字母为 d，r，m，f，s，l，t，完整写法为 Do，Re，Mi，Fa，Sol，La，Ti。当使用临时升降记号时需要改变元音的发音，如升高半音的 Fa 唱成 Fi，降低半音的 Ti 唱成 Ta，其他变化音级的唱法以此类推。

2. 节奏读法

柯达伊音乐教学体系中使用法国人契夫（Emile-Joseph Cheve，1804—1864 年）创立的节奏读音体系。节奏读音体系是指采用象声词的形式，使音乐中各种时值的节奏都有一个相对应的音响，从而形成节奏的读音体系。其优点是在音乐学习之初，不是让儿童认知四分音符、八分音符、全音符等音乐概念名称与抽象时值，而是从最接近儿童生活的节奏与对节奏的声音表达入手，见表 2-1。

表 2-1　柯达伊音乐教学节奏读法一览表

节奏标记	节奏读音	时值名称
♩ 或 |	ta	四分音符
♫ ⌐⌐	ti ti	八分音符
♩	ta-a	二分音符
♬♬	ti ri ti ri	十六分音符
♪♩♪ |♪|♪	ti ta ti（syn-co-pa）	切分切奏

节奏标记	节奏读音	时值名称
♩. ♪ | ♪	Ta—m—n	附点四分音符
♫ | ♫.	Ti—m—ri	附点八分音符
𝄽 　　z	（嘘）	四分休止符
𝄾	（嘶）	八分休止符

下面为柯达伊音乐教学中节奏读法的两个例子：

例 2-2

ta　　ta　　ti - ti　ta　　ti - ti　ti - ti　ta-a

ta　　ti-ri-ti-ri-ta-a　　ti - ta　-　ti　ti - ti　ta

3. 字母谱

字母谱是指用唱名辅音字母来表示音高的音乐谱。唱名辅音字母为 d，r，m，f，s，l，t，表示高八度音时，在字母的右上角加一短撇，如 d′，r′，m′；表示低八度音时，在字母的右下角加一短撇，如 d，r，m，。

（1）字母谱的作用。

①作为五线谱学习的铺垫。对低年级儿童而言，读谱教学直接从五线谱进入太抽象，儿童难以应付。当五线谱只出现节奏谱，音高部分用字母谱替代时，读谱的抽象性降低，儿童的心理能量能主要用在音准与嗓音流畅上，而不是认谱上。

②作为建立音级关系、调式概念的重要手段。当字母谱竖写时，听觉音高就有了视觉高低的形象，这种视觉直观形象能帮助儿童理解音级的顺序，音级之间的高低、大小关系，从而掌握音准与调式，如图 2-1 所示。

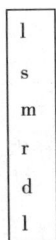

图 2-1　字母谱竖写

③作为替代简谱的一种简易音乐谱。由 d, r, m, f, s, l, t 组成的字母谱来自歌唱的读音，所以当儿童读由字母谱构成的简易谱时，没有视觉与听觉的转换，比读中国的简谱还容易。中国的简谱是由 1，2，3，4，5，6，7 七个数字构成的，看见 2 唱成 r、看见 3 唱成 m 等，是具有视觉与听觉之间的转换环节的。下面为字母简谱的例子：

例 2-3

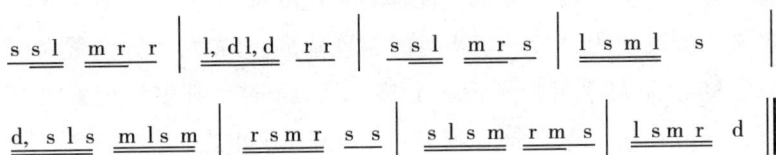

（2）字母谱范例。

①每句节奏型相同的字母谱。

例 2-4

②每句节奏型不同的字母谱。

例 2-5

4. 手势

柯达伊音乐教学体系中使用柯尔文手势。

（1）柯尔文手势图。柯尔文手势是指通过手的姿势与位置变化来表达音阶中音级的高低关系与调式倾向，如图 2-2 所示。

图中间一列表示基本音阶中每一音级的手势，右边一列表示每一音级的变化升音手势，左边一列表示每一音级的变化降音手势。

柯尔文手势在使用时有一个相对的位置标准，Do 的手势位置大概在小腹高度，Re，Mi，Fa 的手势位置依次上移，到 Sol 时，其手势位置大概与眼睛位置平行，La，Ti 再依次上移，到 Do′时手臂几乎垂直。

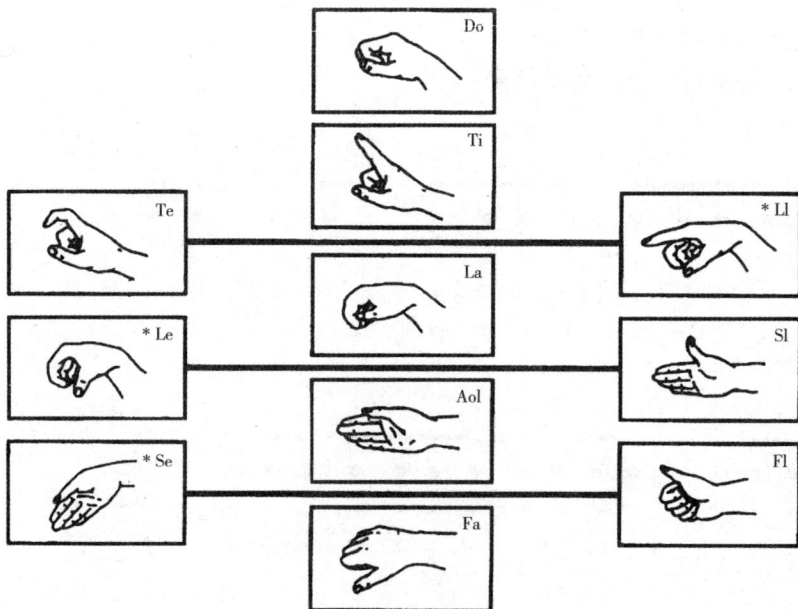

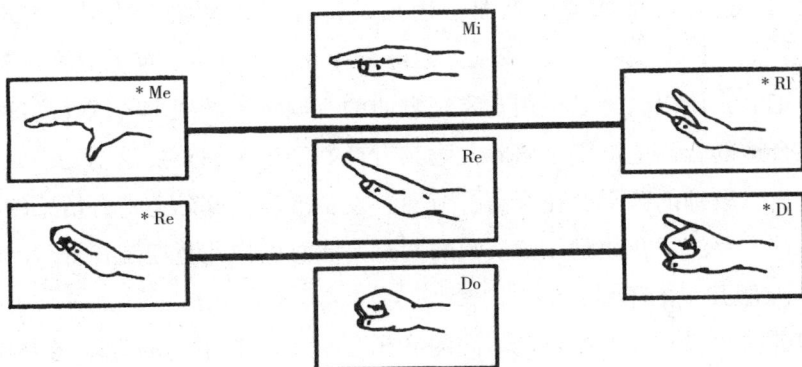

图 2-2 柯尔文手势图

（2）手势的作用。手势的作用主要体现在以下几个方面。

①为音级的听觉高低概念提供视觉空间的类比。通过手势，给听觉上高低不同的音级提供了视觉上的类比，把抽象的音高概念形象化。

②音程练习的手段。音程练习的方式多样。如，教师给出一个音高与这个音的手势，然后给出第二个音的手势，请儿童找到音程感，唱出第二个音。又如，教师给出标准音，然后用 Lu 声唱出二度到八度之内任何距离的音程，请儿童用手势把音程表示出来。

③二声部练习的手段。当教师的双手分别做不同的手势时，每只手指挥着一个声部，儿童就可以进入二声部的歌唱练习。柯达伊专门为训练二声部所写的教材《让我们准确地歌唱》就是供教师用手势指挥，引导儿童进行二声部协调、音准训练的练习材料。

④同主音转调练习的手段。当教师与儿童伴随手势歌唱五声音阶"Do，Re，Mi，Sol，La，Do'-Do'，La，Sol，Mi，Re，Do"后，保持 Do 的音高，教师在 Do 的手势位置转换为 Re 的手势，从而进入 Re 开始的五声音阶歌唱。以此类推，完成所有音级上的同主音不同调式的转换练习。

（三）柯达伊音乐教学体系中有关儿童歌唱教学的要点

1. 按照准确音调歌唱

如果具备以下几个条件，按照准确音调歌唱对于儿童将不会产生困难。

第一，选择符合儿童身心发展的儿童歌曲进行教学，所选的音乐材料要适合，旋律要主题鲜明，容易模仿。

第二，选择合适的音域歌曲，让儿童在合适的音域里歌唱。小班选择 d^1–b^1 音域，中班选择 d^1–c^2 音域，大班选择 d^1–d^2 音域。匈牙利音乐教室普遍没有钢琴，所以教师必须用音叉把歌曲的音调定于所规定的调性高度歌唱。选择在合适的音高上歌唱是培养儿童具有良好音乐感的重要原则之一。

第三，教师的范唱要在音高、节奏、发音准确的基础上富有情感的演唱。教学过程中要注意在鼓励儿童演唱的同时，注意引导儿童控制音量。

2. 克服儿童的不良音调

初进幼儿园时，儿童来自不同的音乐环境，具有不同的音乐能力与接受水平。

儿童演出儿童歌曲音调不准的原因有：

第一，缺乏练习，平时儿童不怎么演出儿童歌曲或演唱的很少。

第二，有些儿童比较羞涩，不好意思大声演唱出来，影响音调的准确。

第三，有些儿童认为自己的音色不好，比如比较低沉或尖细，他们觉得自己的声音与别人的不一样而不敢歌唱。

第四，有些儿童在歌唱时比较兴奋，唱的声音过高、过响，甚至是喊着嗓子在唱，导致他们不能听到自己唱的音调与其他儿童不一样或与伴奏乐器不一样。

第五，也有个别少数的儿童音乐生理原因，比如发音器官疾病或听觉失调导致的。因此，教师在教唱的过程中首先要给儿童创造较为舒适的环境，让儿童感到放松，然后针对儿童的不同问题进行个别示范和手势引导，会帮助儿童把音唱准。

3. 歌唱能力的发展步骤

第一，模仿教师和同伴歌唱是儿童学唱歌曲的最直接的方法，儿童会捕捉到教师或同伴演唱的儿童歌曲一句或几句进行模仿演唱；第二，教师再进行歌唱，儿童进行精准的模仿歌唱；第三，儿童可以跟随教师一起歌唱，儿童尽力与教师歌唱的音高和节奏相一致；第四，儿童逐渐找准音高；第五，儿童自行按照所给的音准进行集体演唱，教师不再带唱；第六，儿童开始主动自己独立歌唱，能够具有良好的发音和基本准确的音调；第七，儿童分小组独立按照演唱要求进行歌唱；第八，儿童可以自己选择喜欢的歌曲，并且准确的富有表情的进行歌唱。

（四）教学实例

例 2-6

《休止符的感受与歌唱》

匈牙利传统儿童歌曲节选

王秀萍　译词

1=D $\frac{2}{4}$

5 5	5 6	5	0	5 5	5 6	5	0
蜡 烛	的 光	芒，		黑 夜	中 闪	光，	

5 5	5 6	5 4	3 2	3 3	2 2	1	0
长 长	蜡 烛	越 来	越 短	最 后	说 晚	安。	

（1）第 1~2 小节：第一拍右手用手掌拍左肩，第二拍左手用手掌拍右肩，第三拍双臂打开高举。

（2）第 3~4、第 5~6、第 7~8 小节：重复第 1~2 小节的动作。活动建议（此活动在儿童会唱歌曲、会做动作以后进行）：

①集体围成圈边做动作边唱这首歌。

②请个别儿童到圈内单独做动作，反复几次。

③对儿童唱歌状态提出要求（主要目的是使儿童的声音不往下掉）。

④不做动作，围圈边走路边唱这首歌。

⑤边走边唱边拍节奏。

⑥教师提问："是否有只有脚踏，却不唱又不拍的时候？"儿童回答："有"。

⑦不唱又不拍，只有脚踏的这个时候，用手叉腰。

⑧教师提问："叉腰时，脚踏了几次？（一次）""这首歌曲一共叉腰几次？（三次）"

⑨请儿童边走路边拍手，当叉腰时嘴念"su"。

第三节 达尔克罗兹学前音乐教学体系

一、达尔克罗兹音乐教学体系简介

(一) 达尔克罗兹音乐教学体系的形成

瑞士著名的作曲家、音乐教育家爱弥尔·雅克·达尔克罗兹 (Emile Ja-ques Dalcroze, 1865—1950)。1865 年 7 月 6 日在奥地利维也纳出生,但是他的国籍则属于瑞士。1894 年,达尔克罗兹在这个时期出版创作了视唱练耳教科书《实用音准练习》,同时以此作为起点,开始进行对体态律动教学法的实验与深入探索。其教育的思想观念由此逐步形成与最终确立下来,教学的方法也得到逐步完善,并且还得到了不断的发展与广泛的传播。1902 年,由于日内瓦音乐学院极力反对他从事教学实验,他不得已提出了辞职。1905 年,达尔克罗兹在瑞士的作曲家协会会议上,第一次展示出了他教学改革所取得的成果,使当时瑞士的音乐家们感到大为震动,并且极力敦促他尽快出版研究成果,是他的教学方法得到较快推广。1906 年,达尔克罗兹出版了书籍《达尔克罗兹体态律动教学法》,该书主要是由五个部分组成的。该书得到出版问世,在当时引起了极大反响。

达尔克罗兹创作的教学方法在当时虽然得到了十分广泛的支持,但是伴随而来的是激烈的反对,有很多人都比较难以接受他给传统教育带来的严重冲击。达尔克罗兹为此也做出了十分艰苦的斗争,并且最终取得了伟大的胜利,先是在国外很多国家都获得了极大的认可,最后瑞士政府也不得不认可这一教育方法。

1910 年,是达尔克罗兹事业发展的顶峰时期。在德国的赫勒劳 (Heller-au) 创建了实验、应用达尔克罗兹体系的专门研究所,同时也极大地吸引了来自各国的艺术家、教师前来学习。达尔克罗兹体态律动教学方法在这个时期也得以进一步扩大到与舞蹈、戏剧艺术等有关的领域之中,在国际上也引起了十分广泛的重视。有很多的评论都认为,达尔克罗兹重新发现了艺术,并且找到了与古希腊艺术精神相同的本质。

1912 年，达尔克罗兹带领自己的儿童前往英国进行学习，在伦敦、曼彻斯特等英国著名的大城市中开办讲座、演示教学，引起了当时音乐界以及音乐教育界的普遍关注。1913 年，他又在伦敦创办了达尔克罗兹体态律动学校，并且相继也在法国巴黎、德国柏林、瑞士维也纳、瑞典斯德哥尔摩、美国纽约等世界各地建立起这类学校。

随着第一次世界大战的爆发，也使达尔克罗兹的音乐教育工作被迫中断。他从赫勒劳回到了日内瓦地区，第二年则在日内瓦创建了"达尔克罗兹学院"。1919 年则发表了一份《节奏、音乐和教育》的著作，1930 年又发表了一篇《体态律动、艺术和教育》等理论著作。

1950 年 7 月 1 日，85 岁的达尔克罗兹在日内瓦去世。他去世时，日内瓦全市人民都沉浸在悲痛之后，后来，日内瓦市政府追授他"荣誉市民"的称号，1958 年还专门命名了一条十分繁华的大街为"达尔克罗兹大街"。

20 世纪世界儿童音乐教育的发展，在一定程度上可以说是以一些独立而富于特色的儿童音乐教育体系的形成、确立和传播为标志的。其中，最早在世界范围获得广泛关注的，有着相当完善的教育目标、内容、形式、程序、方法和教材系统。并对以后出现的音乐教育体系及教学法有着重人影响的一个儿童音乐教育体系就是达尔克罗斯教学法。达尔克罗兹音乐教育体系建立至今已有将近 100 年的历史了，它是 20 世纪后相继出现的各种音乐教育改革的思想、体系都具有深远影响。今天，它仍然朝气蓬勃，充满生命力，原因就在于它不但在音乐教育中开创了一个全新的领域，并且仍在不断地与时俱进地发展着。

在教儿童的早期，达尔克罗兹便意识到音乐学院里的许多专业课存在问题：儿童的演奏动作技术与内在音乐感受的严重脱节；为了发展卓越的技巧，强调训练个别官能，而对音乐的表现却很少；老师对音乐专业儿童的教育几乎先生忽视了发展自我进行音乐表现的能力，致使他们在演奏时缺乏对节奏细节的理解和表现；在完成理论课习题时只能是对各种和声和作曲规则的呆板再现，声部进行缺乏流畅性，无表现力和创造性。这类问题反映出传统教学方法的弊端：书面符号与实际音响的分离，技术与艺术的割裂。这导致音乐理论的学习成为非音乐性的、公式化的抽象概念练习，音乐演奏的练习他了一种近似麻木状态的动作重复。为了帮助儿童根除这种弊端，他还开始了一系列的实验。

首先，他结合自己的教学内容，开设了高级视唱练耳课程。这是融视听、练耳、理论、表演和即兴演奏为一体的综合性课程。将传统音乐理论和知识教学中的通过音乐符号表达抽象概念变成通过音乐音响获得对音乐知识和概念的基本体验设法帮助儿童发展音乐感受力、听觉能力、创造能力、想象力、记忆力及演唱演奏能力和音乐解释能力。例如，想象力、记忆力及演唱演奏能力和音乐解释能力。例如，为了提高对音准、调性和中心音的感受能力，达尔克罗兹运用手臂高低不同水平的动作表达自然大调音阶中各音级之间的音高、倾向和进行关系。他还发明了一种即兴歌唱法，要求儿童必须用音乐式的"语言"来"说话"。1894 年，他编写的两本相应的教科书得以出版，名为"实用音准练习"及"附词声乐练习曲"。这两本书为他的教学体系的形成奠定了基础。

（二）达尔克罗兹音乐教育体系基本内容

达尔克罗兹的体态律动学包括体态律动、视唱练耳和即兴创作三个方面的内容。这三方面内容各自拥有独立的教学目标、教学内容、教学方法和教材体系。但在实际教学中，这三方面内容又常常有机地结合在一起。因为这种以倾听和动作去感受音乐，再以创造性的、即兴性的身体动作来表达出这种体验的学习过程本身就包含了听、动和表达。

1. 体态律动

体态律动也叫和乐动作，主要是由身体对于音乐而作出的反应练习组成的，主要是为了帮助儿童们通过整个身体的反应对节奏等一些音乐要素进行体验。体态律动同时也是达尔克罗兹教学法中最著名、影响最广泛的组成部分，它集中而充分地表现出了达尔克罗兹的音乐教育思想。达尔克罗兹认为："人类的情感是音乐的来源，而情感通常是由人的身体动作表现出米的，在人的身体中包括发展感受和分析音乐与情感的各种能力。因此，音乐学习的起点不是钢琴、长笛等乐器，而是人的体态活动。"[1] 体态律动的主要目标是要做到在一堂课结束时，儿童不是说"我知道"，而是说"我体验到"，进而丰富了儿童们的情感世界，并且也能迁徙到他们日常的生活中去。

节奏训练是体态律动的中心。依据达尔克罗兹的音乐理论，体态律动的

---

[1] 曹理. 普通学校音乐教育学 [M]. 上海：上海教育出版社，1993.

主要目的就是要"借助节奏来引起大脑与身体之间迅速而有规律的交流"。通过这种交流才能够达到情感和思想、本能和控制、想象和意志之间的协调发展。达尔克罗兹曾说："体态律动的所有练习都是为了加强集中注意的能力，使身体习惯。自我控制，能随时并迅速地执行大脑的指令，获得联结意识和潜意识及调整潜意识的能力。"为了能够训练与培养儿童产生节奏意识，达尔克罗兹归纳出了30多种基本节奏因素，其中主要包括了时间—空间—能量—重量—平衡作为基本的定律与要求，主要包括了音乐的速度、力度、单声部曲式（乐段、主题、主题与变奏等）、切分、对位曲式、赋格、复合节奏等。

下面是关于音乐节奏动作练习的一些例子：

（1）随音乐而动，表达相应的速度与音色。教师在钢琴上进行即兴演奏，儿童用手拍出一定的节拍，用脚走音符的时值。例如：正常走路的时候，步代表的是四分音符，跑步则表示的是八分音符。教师随时能够变化演奏的力度与速度，儿童也应该用与之相应的不同动作去充分表达自己对此变化的产生的体验。

（2）记忆与抑制。这是有关心理控制的练习，可以训练大脑与身体之间的协调性。例如：当在音乐进行中不规律地出现一个不谐和的音程时，儿童听到后必须马上改变原有动作的方向、力度或速度。这就要求儿童必须充分地注意倾听音乐，并立即作出反应。这种反应既包括心理反应，也包括肌肉的动作，可以是节拍变化，也可以是音调变化。当一个特殊信号出现时，儿童必须停止原来的动作，并默数拍子（从一拍到四拍或更多），然后重新开始动作。这是一种内心听觉和内心节奏的训练（默默数拍子的时候，常常会越数越快）。

（3）手臂的画拍动作。用一双手臂的动作表示音乐中的节拍。如2/4拍，预备拍双臂伸直高举在头的斜上方，强拍两臂向下，落在胸前，弱拍两臂向上伸直至预备拍势。3/4拍，预备拍同前，第一拍同2/4拍强拍动作，第二拍双臂侧平伸，第三拍同2/4拍弱拍动作。4/4拍，预备拍动作同前，第一、三、四拍同3/4拍动作，第二拍双手触摸双肩。还可以随着音乐，几个人一组联合完成一个特定节拍。例如：由4个人联合完成一个3/4拍的画拍动作，连续下来，4人保持在一个稳定的拍子中，动作准确，速度一致。

（4）时值和切分音。这是音的时值练习。当教师弹奏的音乐中出现四分音符时，儿童每一拍走一步；出现八分音符时，每一拍走两步；三连音时，每一拍走三步；二分音符，走一步加一弯腿；全音符时，走一步加三次腿的摆动。切分音练习要求更高一些，例如，当教师均匀地弹出 4/4 拍的音乐时，儿童要根据拍速，在拍前或拍后落脚，形成切分音的动作和感觉。同时，双手要有规律地拍出节拍。这是一种集中注意力、脑体协调的练习，可以用来帮助理解复杂音符和切分音等乐理知识。

（5）乐句。儿童用动作表示出对乐句的出现和结束的理解，如改变行走方向、运用不同的手臂动作、改变步伐、变化队形等。这是一种练耳和即兴的综合训练，在注意倾听音乐的同时，创造性地以一种新的方式表达出乐句的变化。

（6）节奏的领悟。用身体动作来领悟和表达音乐要素。教师弹奏，儿童用自己的身体动作来表达所听到的音乐中的节奏、节拍、明暗、快慢，这种动作表现应是非常精确的。事实上，这是下一步记谱学习的基础。这个练习是练耳、节奏分析、记忆和集中注意力、身体反应等练习的综合体。

（7）卡农练习。这个练习综合了前几个练习的内容。教师弹奏音乐后，儿童经过辨认、记忆，进行连续模仿。要求儿童拍出教师已弹出的节奏，同时还要倾听教师继续弹出的节奏，模仿下去，与教师弹奏的节奏形成卡农。这是为体验赋格作品而设定的预备练习。

（8）独立控制。这是一个复杂节奏的练习，儿童要同时表现几种不同的节奏。例如：左臂打出 3/4 拍，右臂打出 4/4 拍，而脚走出 12/8 拍。开始时会有些困难，其要点是记住每个动作的第一拍上的那个重音，可以先从简单的练习开始。例如：走出一种节奏，手拍另一个节奏；脚走 4 拍，手打 3 拍（记住和强调节拍重音），使肌肉和大脑逐渐熟练于同时与两种节奏保持一致。

（9）节奏对位。这是儿童在教师弹某一个音符的延长时，作合适的节奏对位式填充。例如：教师即兴奏出一个 5/4 拍的短小主题，儿童在第二、四拍作节奏填充。这是一个控制练习和准确的时值分析练习，儿童可以先学会一个主题的简单旋律，然后边演唱这条主题旋律，边同时用脚或手势进行节奏对位伴奏。通过训练，儿童可以同时体验旋律和即兴的伴奏，体验多声部对位的意义。

2. 视唱练耳

音乐是通过有组织的声音充分表达出人们思想感情的，是充分反映出社会生活的一种艺术形式。音乐的主要表现手段就是旋律、节奏、音色、力度、和声、复调、曲式等。视唱练耳课的主要目的就是要让儿童通过相对比较系统的学习，牢固地掌握住音乐中的这些主要的因素，同时进一步开阔了儿童的音乐视野，发展音乐视听，训练儿童的音乐思维，通过对儿童进行相关的训练，培养儿童产生一种相对良好的音乐感觉。

在教学过程中充分运用歌唱的方法，除了可以最大限度地帮助儿童们培养视听能力以外，还可以让儿童充分感受到其鲜明的节奏以及调式特征。歌唱还应该使儿童在美好的音调中体验出音乐的呼吸、乐句的划分等一些结构现象。

视唱练耳的训练大致可以分为四个阶段，第一个阶段是听的阶段，要求儿童要仔细认真的聆听教师弹奏或播放的音乐。第二个是体验的阶段，要求儿童把听到的音乐能够唱出来，或用肢体表现出来（如拍手、走或跳等）。第三个阶段为理解阶段，教师在理论上应该给予指导，如加进听音识谱的学习等。第四个阶段才是应用（即音乐创作），儿童要采用即兴创作的方式把所学的知识进行实践应用。

视唱练耳的主要内容大体上包括：

①听辨、听唱音的高低。

②全音与半音的练习。

③音阶的指导。

④旋律的指导。

⑤音程的指导。

⑥和声的指导。

3. 即兴演奏

即兴活动是一定要即时作出音乐判断的创造性音乐行为。达尔克罗兹教学法即兴教学的目的是以一种想象的、自发的和个性表现的方式，发展使用律动材料（节奏）与声音材料（音高、音阶、和声）的技能，以培养儿童读谱的技巧。

即兴演奏主要是在钢琴上进行，也可以用其他乐器代替。为了帮助儿童在演奏钢琴时形成一种与对音乐进行体态反应时同样的自由和平衡，达尔克罗兹要求儿童作规定速度的即兴表演练习。例如：当儿童们随着教师即兴演

奏的一段中占区的旋律进行自由运动是，可让一名儿童在钢琴的高音区或低音区即兴表演一个"长笛的声部"或"鼓的声部"。另外，达尔克罗兹在理论和声课上也采用了此种方法，例如：让儿童即兴演奏旋律或其中片段，作为发展对音程的理解的一种方法。同样，也可以通过即兴演奏熟悉和声。

达尔克罗兹的体态律动学的内容是极富特点和个性的，其主要特征如下：

（1）应该立足于"听"音乐，并且是以听教师的即兴弹奏为主。体态律动学说重点以聆听音乐为主，并且听的内容通常都是老师进行即兴弹奏。只有通过即兴弹奏，教师才可以随心所欲地创造出一些比较恰当的力度层次、节奏布局与分局结构，诱发儿童进行即兴动作，进行有重点的教学。所以，教师的音乐造诣和随时发现问题、及时诱导等各方面的"即兴"能力直接关系到教学的效果。

（2）要求儿童将自身各个器官都作为乐器，将听到的音乐再现出来。体态律动不等于舞蹈。舞蹈主要是以训练带有节奏、美感的姿态动作为主要目的，体态律动则主要是以身体作为乐器，通过身体动作充分体验与培养音乐的节奏感。

体态律动所教授的内容和基本音乐课程的大体上相同，其不同点在于基本音乐课程通常都是以传授音乐知识为主，而体态律动主要是以使儿童接受音乐经验为主。在体态律动方面，老师讲解的内容通常都非常少，而儿童听音乐的时间则往往相对要多很多。使音乐能够刺激听觉，产生印象，再以动作充分表现出音乐，即从印象产生了概念，最后通过音乐符号把概念具体化成理性的知识。

体态律动从一开始就教育儿童：声音是流动的，音乐的进行则是有线条、有起伏的，用身体表现出声音的动作一定要充分反映出声音的断和连等比较典型的特征，进而培养动作的乐感。

（3）教学的方式主要是游戏。当发现个别的儿童思想松懈和涣散时，应该立即变换教学的形式，使整个教学活动可以一直都保持一种新鲜状态。

体态律动通常都是以游戏的方式进行的。通常都是从教速度着手，使全班的儿童根据规定的速度走路或者摇摆，然后再加上喜、怒、悲等感情，同时应该保持速度不变。而在这种"走"的游戏之中，还应该教儿童探索出完全不同的方向感（如向前、向后、向左等），探索一种紧张与放松的精神感觉，探索完全不同的走路方式（如蹦跳、跑跳、踮足等），也可以借用外部世界中的花、木、鸟、兽做出比喻，进一步启发儿童的想象力。

为培养儿童对分句的理解和感觉，也可以采用和设计各种不同的游戏，如"回家"即为其中的一种：让每个孩子找定一点，作为自己的"家"。教师弹或唱两个旋律性乐句，要求孩子跟随第一个乐句，即兴创作一个节奏型，采用拍手、踏步或跑步"出门"的方式。听到第二个乐句时，即兴创造另一种节奏型"回家"。这种游戏的练习，不仅可以锻炼儿童对乐句的感觉和对时间、空间的调度能力，还可以训练儿童的创造能力，使儿童编写出许多优美、有趣的节奏型。

"快速反应"游戏是培养儿童注意力和听觉记忆的一个好方法，它要求儿童在音乐进行中听到约定的信号（口令、和弦或调式）时，立即做出约定的反应，这在前面的"记忆与抑制"一段中已经提到了。

还有一种更加随意的游戏，即让儿童在教室里自由走动，既不规定统一的方向，也不排成整齐的队形。在这种"乱哄哄"的人流中，儿童必须自发地对周围发生着的一切进行估计、判断，产生默契，有条不紊地走自己的路，到达自己的目的地，不撞人，不摔跤，不出"交通事故"。这种默契对于日后要掌握的重奏、合奏技巧是十分重要的。

（4）体态律动学教学法强调训练儿童的即兴反应，因此对教师素质有较高的要求。达尔克罗兹教学法对教师提出了严格的要求，教师应具备的具体才能如下所述：

第一，要求教师必须具有准确的听觉。音乐是听觉的艺术，发展儿童听觉方面的能力，要求老师对所听音乐要有准确的判断并对儿童所反映的不正确的听觉给予纠正。

第二，要求教师必须具备熟练的视奏能力。教师要在自己能运用自如的钢琴技术范围内，运用简单的节奏、和声、旋律表现所学的节奏要素。教师应注重儿童的表现，而不是钢琴的技巧。

第三，要求教师一定要熟记并可以即兴演唱（演奏）大量的童谣、民歌或者一些带有戏剧性效果的音乐旋律。

第四，要求教师应该能运用不同的伴奏方式以及不同的调式为旋律伴奏。教师通过各种演奏方法来激发儿童的快乐情绪，带动儿童积极参与的热情或抑制儿童的过分激动。

第五，要求教师必须能用音乐之声再现儿童们动作的节奏或即兴动作所代表的音乐意义，教师的即兴演奏不仅要支配、指挥和促进儿童的身体运动，还要对儿童运动时显示的能量、速度、情绪变化等做出跟随反应。教师要注意从儿童的动作中得到启发，产生新的节奏乐思。

第六，要求教师一定要具备一边演奏一边和儿童交流互动、一边发出各种命令来指导儿童的能力。

达尔克罗兹的体态律动学不仅要求教师要具备一定的即兴创作能力，而且其即兴创作的音乐一定要能够训练、支配、指挥以及促进孩子们的动作，同时还要求教师在设计课程时一定要牢记下列三点：一定要让孩子的身体从事工作；一定要激发孩子的大脑进行思考；一定要充分运用孩子们在运动过程中汲取的素材去创造一些十分简单的音乐形式；达尔克罗兹创作的体态律动教学法，有着十分广泛的适应对象。

体态律动课的授课对象无论音乐基础的高低，也不分年龄与修养。小到3岁的儿童，大到音乐学院的学生甚至一些专业演员、舞蹈家，都适合学习。对那些学习器乐的人而言，如果可以在学习乐器以前就开始接触这类课，之后再和视唱练耳同时做出这方面的训练，当然是更加理想的。这一教学法的专家米德教授，曾经在上海音乐学院分别给大、中、小、学前儿童们上课，内容则是基本相仿的，但是在广度、深度和难度方面却是迥异的。例如：同样都是进行节拍训练，学前儿童听辨 2/4、3/4、3/8 等单拍子，而向学生传授的则往往要听辨复拍子、变化节拍等。

二、达尔克罗兹学前音乐教育体系的本土化教学

(一) 达尔克罗兹音乐教学法对我国学前音乐教育的启示

21 世纪的达尔克罗兹教育体系更加考虑到体态律动作为一种音乐教学手段，是体态律动与音乐的一种结合。体态律动与音乐是相互联系，相互作用的。体态律动与舞蹈是有功能上的区别的，舞蹈教学更多的是肢体动作、运动知觉、平衡感的培养和探索，体态律动虽然也有这些方面的培养与发展，但是它更重要的是培养儿童音乐的体验。

1. 教学法在我国的"本土化"

这里我们所指的本土化有两层含义：一是达尔克罗兹的音乐教育体系传

播到许多国家，将达尔克罗兹的体态律动与音乐联系到一起，结合本国的音乐形成本国的达尔克罗兹体态律动，达尔克罗兹体态律动传播到我国与我国不同地区的音乐结合，使达尔克罗兹体态律动蕴含了我国的音乐文化，形成"本土化"的达尔克罗兹。二是指达尔克罗兹的"本土"即"本源"，他的体系的形成史在不断与其他的教学体系相结合，不断的创新发展。

2. 多元化的体态律动教学方法运用到我国学前音乐教育中

（1）教学理念的多元化运用。达尔克罗兹通过对音乐基本要素科学的认知，形成了节奏发展理论转变为音乐教育的角度。这种理念的形成、发展到成熟起来的体态律动教学方法，不仅仅代表音乐教学理念的进步，还实现了教学方法的推广应用。这样音乐教学方法与运动学、心理学相联系，反映出学科的"多元化"特点。

从体态律动教学方法的内容和理念上来看，多元化的方法注重：

①动作需要在简单和自然的原则下调整；律动者需自主地进行律动；教师注意教学过程的步骤性，使律动者的身体在空间中完全得到解放。

②动作对每个人而言与生俱来，动作与动作之间的转化必须快速与易延展性地接连出现。

③力量的投入也同样十分重要。

④灵魂应该以动作来表达。

⑤只允许程式化的交替运动与静止而不允许即兴动作的出现是十分单调的。

（2）教学方法的多元化。在教学实施过程中，可以采用多种手段来实施教学方法，如通过节奏限制动作的幅度、大小；通过引导让儿童精神集中而减轻紧张的情绪，再结合各种学科的知识和儿童身心发展状况做出铺垫。多元化的教学方法收集不同的信息，从多个方面进行观察和分析。多元化的音乐教学方法将注意力集中与情感表达，成为音乐的精神力量。多元化的理念让我们指导，教学方法不仅仅是一种应用技能，而是应该注重与文化的结合，形成长远的发展。

（3）教学目的的多元化。达尔克罗兹对音乐课质量的评估主要集中于对学校音乐教学中出现问题的分析。在我国音乐教学中，通过对问题的分析找到解决的办法，逐渐形成教学体系，与历史和社会文化相结合衍生出实际可操作的教学内容，从专业音乐教育领域到普通音乐教育领域，范围在逐渐扩大。即便儿童参与的是专业的音乐教育，也需要其他感官的刺激来发展和提示自己的技能水平。音乐技能的提升是可以通过大量的勤学苦练取得的，但是音乐感觉和音乐经验除了需要勤学苦练，更重要的还是需要运用肢体、视觉、内心感受相互配合发展起来的，这种配合也就是体态律动，通过身体律动来记忆听觉经验，培养乐感。新时期"多元化"的音乐教育需要儿童在音乐学习中不断的尝试多种途径来达到需要的效果，同时，教学方法也在不断的发展和完善。

（二）达尔克罗兹教学体系中的体态律动在学前音乐教育中的运用

1. 体态律动的内涵

体态律动教学过程中，注重培养和训练儿童对音乐要素的感受。体态律动教学注重引导儿童通过身体运动去感受音乐的各种要素，从而培养儿童对音乐要素的敏感。如教师用一根底端系有重物的细绳，像钟摆似的来回摆动，让儿童的身体跟着来回摆动，从而体验自己身体的节奏。

体态律动教学是从音乐本身入手，先让学习者聆听音乐，再引导他们通过身体运动去接触音乐的各种要素。往往从拍手、摇摆、走、跑、跳……入手。如随着音乐可用手拍出其节拍，可通过走路来感受和表示四分音符的节奏，可通过跑步来感受和表示八分音符的节奏，通过模仿马儿奔腾的动作，感觉弱起拍子 $\frac{3}{8}$ ♪│♪ ♪│♪ ♪│。

如当儿童能够按照一定的节拍和节奏运动后，还需让他们闭上眼睛想象自己继续在按拍子和节奏运动，巩固运动在大脑中的印象，加强记忆，更促使节奏想象力的发展。练习中，儿童要能够根据指令，及时、准确地改变运动方向和动作，训练儿童"突然地"和"逐渐地"控制运动的能力。呼吸是唱歌的基础，如何控制好呼吸对唱歌至关重要，在体态律动中运用"吹气泡"的动作来训练、体会呼吸控制，如例2-7所示：

例2-7

轻轻地吹。　　稍微强烈点。　　最后长长的。　　深深地吹。

体态律动学还强调儿童的即兴创作。教师在教学中不是去特别注重或要求儿童动作的美感，而往往是注重儿童身体动作是否与自己演奏的音乐相协调。

达尔克罗兹教学法注重儿童注意力集中的训练。例如让儿童用 4/4 拍走，当他们听到旋律中第四拍上出现三连音时，他们必须停一小节。在这个过程中，儿童的听觉和记忆力都要增强，并且协调配合后，他们在做动作时才能控制的比较好，更精准。一般这种活动都是即兴的，儿童必须注意力非常集中，大脑时刻积极运转，不停的思考，他们的身体才能立刻做出反应。

在体态律动实际的教学中，往往会采用一种教学方法是，教师用乐器即兴伴奏，最好是儿童熟悉的音乐元素，利用儿童熟悉的律动动作，这些动作完全来自于身体。一种是原地动作，如拍手、转圈、旋转、歌唱等，另一种是空间动作，如跑、跳、走、爬等。这两种类型可以结合成各种形式。在训练过程中，可以先让儿童分别单独练，比如手指：手指是整个身体中最轻巧、最灵活的部位，可以用来表示快的节奏；也可以形象化地把一个个手指编上号，以训练听觉反应和节奏；可以从一只手的训练扩展到两只手同时进行训练。在逐个地对身体各部分进行训练后，可以使身体的某些部位和谐地结合起来，如用脚和身体的动作表示时值，用手臂表现节拍，最后才是整个身体的加入。

2. 体态律动开展应注意的内容

达尔克罗兹的体态律动教学对教师的要求是比较高的，教师要具备较强的音乐综合能力，可以即兴演唱、演奏大量儿歌、童谣、民歌以及世界名曲片段等，并且能够随时转变演奏或演唱的方式和调式，可以边演奏边与儿童交流，并能引导儿童的教学能力。

（1）时间。时间的本身不仅仅体现在音乐、律动中，时间充斥在每一个人的生活中。在音乐中时间可以表现为节拍、节奏、时值、速度、乐句、表情记号、休止符等。动作三元素中的时间指进行动作所需的时间，当音乐中的时间理解为节拍、节奏或者是时值时，我们身体内部的心跳、脉搏等就是时间。我们对节奏、节拍等的感觉将以身体内部的时间为基础。作曲家使用不同的节奏写作作品，这是对时间的一种分配方式，形成不同的听觉感受。在体态律动课程中动作的时间元素将与音乐中的节奏、节拍、速度等多种音

乐元素对应，因此在动作进行过程中要注意音乐中的多种音乐元素。

音乐时间的流动与空间表现律动的关系，一般情况是速度较慢的音乐与幅度较大的动作相对应，速度适中的音乐与中等幅度的动作相对应，快速的音乐与幅度较小的动作相对应。通过儿童对音乐的感知，体会音乐的变化和平衡，能够慢慢的灵活自如的控制自己的肢体动作，创造出音乐、节奏的流动性和可塑性。

①节拍。用肢体动作表现不同节拍的强拍规律、基本特征。

例如，当手鼓演奏时根据时值长短在空间中行走，听辨重拍的位置并感受拍号。根据拍号组成对应于拍号数字的小组，见图2-3。❶

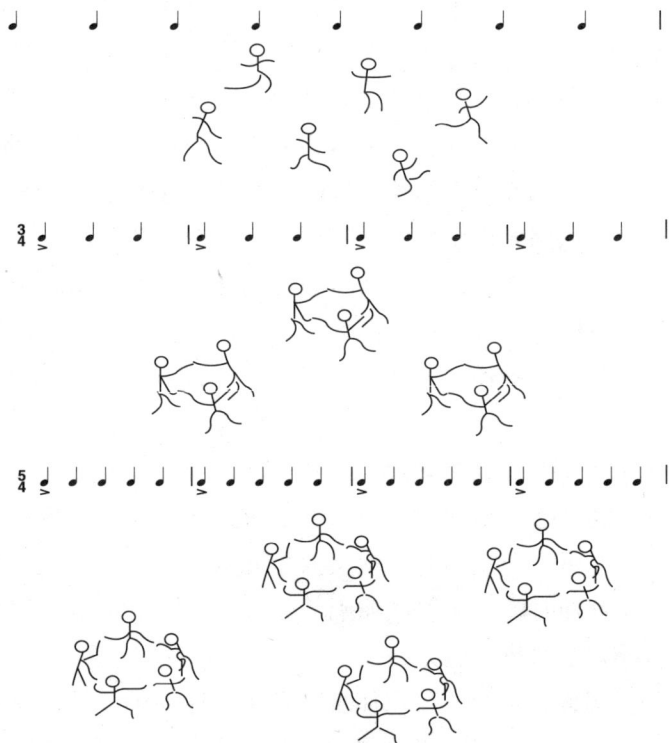

图2-3　强弱拍感受

②节奏。节奏能够用肢体同时进行不同的动作表现节奏上的对比。

手来拍节奏，脚上踏的节奏型是固定的，在休止符节拍时做下蹲动

---

❶ 陈蓉. 音乐教学法教程［M］. 上海：上海音乐学院出版社，2013.

作，或手、脚互换节奏型。这样手、脚配合形成一个节奏二声部。老师可以击鼓引导学生走列队。

一般情况，儿童会被分成两个小组，一组脚踏节奏或配合唱歌，二组在一组开始一拍或两拍后进行同样的内容，两组形成卡农的形式，形成二声部。

③力度。通过身体的律动与情绪的变换有关，力度大情绪激动，力度小情绪趋于平静，可以通过体态律动表现音乐的变化。如管弦乐队的指挥，当指挥的幅度变大，那么表示较强的力度，让人感受到激动、热情、悲愤等情绪，指挥幅度变小，那么表示较轻的力度，让人感受柔美、平静、悠扬等情绪。在音乐表现的过程中，还要注意力量和速度的关系，往往是快速与强的力度结合、慢速与弱的力度结合，不同的结合也体现了不同的音乐想象和思想感情。

对力度方面的变化，一般都作以下方面的处理：渐强可以通过动作幅度不断加大，力量不断增加来表示，减弱则相反。突强需要一个突然的爆发性的动作来表示，突弱时要比较控制的动作，突然收缩。

④速度。我们可以通过体态律动的方式体现音乐中的速度变化。如在击鼓传球的活动中，参与者通过听击鼓的速度来进行传球，速度快，传得快；速度慢，传得慢。在幼儿园中，教师可以用同样的方法训练儿童对速度变化的反应。或者是放一首音乐让儿童走列队，让儿童按照音乐的速度来行进等。

速度渐快、减慢的表现，通常是通过动作的幅度和规模来体现的，越慢的速度动作幅度越大，越快的速度动作幅度越小。在体态律动活动中，可以根据打击乐的速度变化而变化，越单一的动作越容易感受到动作幅度的变化。

⑤重音。重音主要包括节拍重音、节奏重音、旋律重音、和声重音等多种形式。这些种类不同的重音，都能够在体态运动过程中加以体现。

重音的训练可以是在听到音乐中的重拍或重音时拍手、拍桌子等，同时可以加上口令加以强化，如"咚"等音。这样逐渐帮助儿童掌握复杂的拍子，训练了儿童大脑感知和身体动作之间的配合。

⑥休止符。用脚踏连续的固定拍子，手臂设计出动作，休止符节拍处要区别于有旋律处，如拍手与分手、拍手与握拳等，这样能够感受到休止符处节拍与音乐进行是一体的，在整个旋律流畅的进行过程中才能更好地感受休止符节拍的时值。

⑦时值。训练音符时值的时候，教师可以即兴组合不同的时值、节奏型

用乐器弹奏出来，这样儿童可以边听音乐边做动作，能够更好地感受时值的变化，以及动作的变化，肢体的配合。

⑧音乐结构。根据旋律中的休止、长音、短音、音型组合变化等结构特点，表现出乐句。比较简单的表示方式就是用手臂在空着划弧线，一条弧线代表一个乐句。

（2）空间。空间本身是无限的，我们不能准确地确定下来空间的大小，对于空间定义也往往会因人而异。达尔克罗兹曾经对空间的理解主要包括了下列几个方面：

第一，自己身体的内部、轮廓以及轮廓以外都能够视为空间存在的形态。

第二，每一个动作在完成的过程中，都包含了动作的方向、完成过程中所应该经过的有关路径。

第三，动作和动作之间存在过渡的方式、团队合作过程中的个体动作也和其他的个体动作间存在一定的关系。

第四，动作进行过程中通常都存在空间中的路径，分笔直和曲折两种不同的状态（图 2-4）。

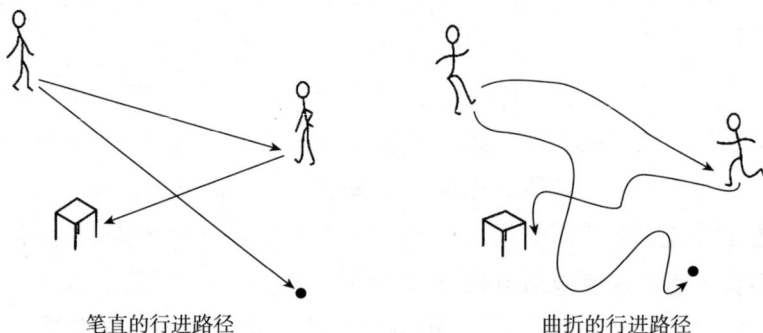

笔直的行进路径　　　　　　曲折的行进路径

图 2-4　不同的动作路径

第五，空间具有强烈的方向感，这就要求儿童需要跟随旋律线行走（图 2-5）。

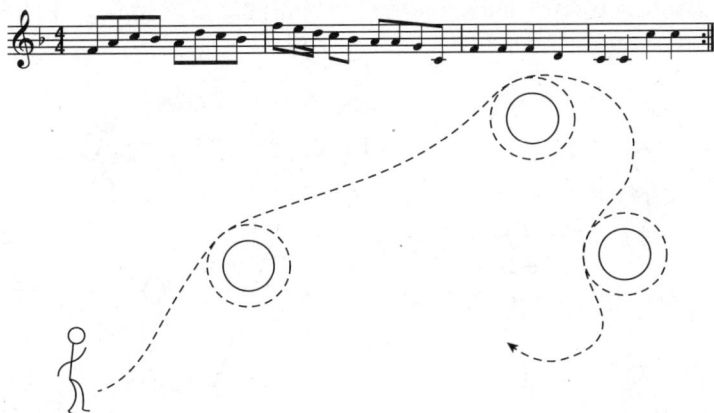

图 2-5 空间具有方向感

第六，空间维度。在教室中放一根绳子，可以把教室分割成两个大小不一的区域空间。聆听音乐产生的强弱变化，如音量在变弱的时候，所有的儿童都需要走向较小的空间，并且还应尽量地集中在一起；而当音量逐渐变强时，所有的儿童都应该走向一个比较大的空间内，并且尽量拉开彼此之间的距离，见图 2-6。

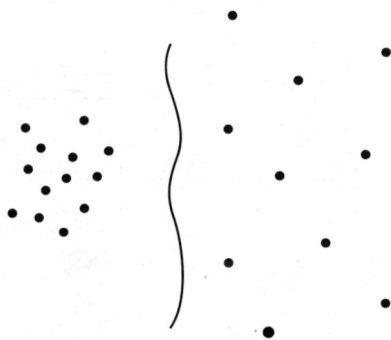

图 2-6 空间的维度变化

第七，纵向空间，主要可以分成三种形式，即上空间、中空间、下空间。

老师首先请两位同学在教室内拉起一根绳子，将教室分割成大小均衡的两个区域。同时把儿童也分为两组，分别手持两种音色不同的乐器，并且站于绳子的两侧。开始时两个声部的儿童都要演奏自己手中的乐器。手拉绳子的两位同学则可以左右移动来改变两个空间之中的大小比例，当某一个声部的空间变小时，就请这一空间的乐器演奏声音逐渐减弱，而另外一个声部的

空间则随之增大，这个声部的乐器演奏声音也随之逐渐增强，见图2-7。

图 2-7　纵向空间示意图

第八，同向动作与反向动作。

首先应该做到两个人一组，根据音乐中的模仿片段做出律动，见图2-8，图2-9。

图 2-8　动作律动示意图（一）

图 2-9　动作律动示意图（二）

（3）能量。能量在音乐中呈现出来的表现形式主要表现为力度记号、表情记号、音量等多个方面。在体态律动之中的能量表现能够通过身体的松弛状态或是进一步借助于教具的使用等，充分表达出力量方面的大小。

为了能够更好地说明这一类型的问题，我们采用了一个球类的活动和音乐进行具体结合的例子，见例 2-8 与图 2-10，真切地感受一下拍球和滚球的力量，充分运用这些动作来表现以下这段音乐之中的"断奏"与"连贯"的音乐表情。

例 2-8

A部分:

B部分:

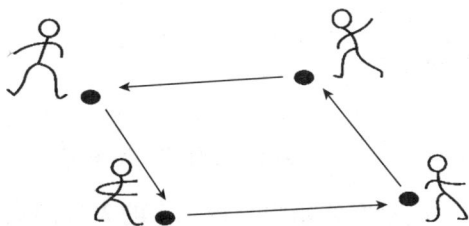

图 2-10　跳奏和连奏表情作用的体会

(三) 达尔克罗兹教学体系中的视唱练耳在学前音乐教育中的运用

达尔克罗兹强调, 所有音乐教育都是需要建立在听觉的基础上的, 并不是建立在机械的模仿和数学运输的训练基础上的。要想让音乐教育的效果达到一个比较好的水平, 是要有比较好的听觉做基础的。无论是在音乐实践方面, 还是音乐理论方面, 或者是在人声层面的, 或者是在器乐方面的; 甚至是在学习代表音乐的符号、区别声音中包含的意义方面等, 都充分涉及到人的听觉, 都需要人的听觉进行有效的训练。

达尔克罗兹曾经在教学过程中, 首先要先对儿童进行听觉训练, 引导儿童产生听觉感受和印象, 再用动作表现音乐内容, 因此, 听觉训练也是达尔克罗兹课程中很重要的一个组成部分。听觉训练可以很好的帮助儿童建立记忆, 提高听觉能力和记忆力, 同时使儿童形成了固定音高感, 发展儿童的内心听觉。

在教学活动过程中, 达尔克罗兹采用固定的唱名法为主要的教学方法, 指导儿童学习各种各样的谱表、音阶、音程、调式等较为理性的音乐知识, 培养儿童的感性知觉。它用体态律动的方式进行这部分知识的教学, 采用音乐刺激儿童的听觉，再用动作表现音乐，让动作成为联系音响和音乐符号之间的纽带。达尔克罗兹的做法让感性的音乐和理性的音乐理论互相联系，使音乐的学习不再枯燥，不再脱离实际音响而独立存在。

（四）达尔克罗兹教学体系中的即兴创作在学前音乐教育中的运用

在进一步完成了一系列的身体运动形式设计的同时，并且还构建了体态律动的相关理论以后，达尔克罗兹依旧在持续地不断探索这一教学法的整体性特征。他认为，虽然儿童可以通过自己身体的动作让音乐的情感得以充分表现、宣泄出来，也应让儿童可以将自己的身体动作与想象充分表现出来，通过对情感与理性的有效组织，再将它们进一步转换成音乐形式，充分发展成为儿童自身的想象力与创造力。

即兴创作、表演主要是在基于语言、歌唱、钢琴、乐器为工具等多种音乐形式的前提下，充分运用音乐游戏、韵律动作、演奏乐器、演唱等表演形式，进行音乐即兴创作活动。达尔克罗兹认为，即兴创作是非常重要的，能够培养儿童的专注力，想象、分析、理解的能力，使儿童的创造力发挥到最大程度。但在创作即兴活动的过程中，教师要注意引导儿童真正进入状态，形成一种自然的、自发的属于自己独有的想象和表现形式，这就是即兴音乐创作的目的。

即兴创作、表演主要是指在教学活动过程中充分运用游戏、动作、演奏等多种方式，以语言、歌唱、钢琴、其他乐器为主要表现手段，做出即兴的音乐创作活动。这种教学不仅能够充分调动儿童在音乐学习过程中的积极性，让儿童从身体中爆发出一种潜在的能力，同时还可以使儿童的每一个细胞都能够焕发出勃勃生机，进而创造出一个相对良好的音乐学习氛围。

达尔克罗兹的体态律动学通常可以分成 6 个主要的方面，也就是肢体的运动具有基本节奏，身体的各个部分之间进行很好的和谐搭配，大脑与身体之间的协调，动作方面的控制与反应，时间与空间以及紧张与松弛等。

在教学活动过程中，达尔克罗兹主要强调的是充分利用人体所具有的自然节奏与律动，训练儿童能够对其基本的节奏产生的感性认知，通过音乐配乐的列队行进，让儿童能够充分感受到行进的节奏与行进速度；通过轻跳的动作使儿童进一步感觉到轻巧的节奏与带有八分休止符的跳音节奏型；通过儿童模仿马的奔腾动作来感觉弱起拍等。

与此同时，达尔克罗兹也在教学过程中将儿童的身体比喻成一个综合性的管弦乐队。身体各个部分之间就如同这个乐队中的小提琴、大提琴、长笛、单簧管、小号、定音鼓等各种各样的乐器。它们之间能够进行独奏，同时也能够进行合奏。经过一定时间的训练，儿童的身体各个部分都能够比较和谐地进行配合，而且可以根据音乐来选择一个最适合的表达节奏与乐思的"乐器"。这种方法的应用，能够培养儿童对于各个部分肢体的有效控制能力，增强自身的反应能力。

达尔克罗兹的体态律动学对于我国音乐教育的改革，特别是对于儿童的节奏感、乐感的培养，都具有极大的贡献。主要会因为它从根本上将只是从书面上、理性上学习的音乐形式，改变成了结合律动、听觉、情感、心灵来进一步感受音乐，使音乐学习能够充满生动和活力。

达尔克罗兹音乐教学体系对我国音乐教育的改革也产生了极大的影响，它突出体现于对儿童基础节奏感、音乐感的培养。长期以来的音乐教学实践探索，也是达尔克罗兹音乐教学体系形成过程中的一个十分重要的环节，所以，没有经过具体音乐实践的一切理论，都是十分空洞而苍白的，同时，如果缺乏了理论指导以及实践支撑的话，也是十分茫然而徒劳的，没有任何实际的意义。达尔克罗兹音乐教育同时也把二者之间进行了有机的结合，以便能够获得一种事半功倍的教学效果，它从根本上将人们只从书面上、理性上的音乐学习，改变成了一种与律动、听觉、情感、心灵相结合去感受音乐的理论，使音乐活了起来，所以才使学习饱含了生机，使音乐充满了无限的活力。

总而言之，体态的律动、视唱练耳、即兴创作这三者之间所构成的是音乐教育中三个十分重要的分支，"其本质和核心部分是节奏运动，与它密切相关的是听觉能力和自发性创造能力（即视唱练耳和即兴创造活动）"。这三个方面相互作用，不可分割，成为一个整体，以培养和发展儿童的内心听觉、运动觉和创造性表现能力。❶

---

❶ 黄瑾. 学前儿童音乐教育 ［M］. 上海：华东师范大学出版社，2006.

第三章

学前音乐教育的教学活动实施

音乐艺术本身就包含着技能技巧的学习与运用问题。对儿童进行音乐教育，不仅要教会儿童歌唱、跳舞、律动、欣赏这些音乐的表现形式，更重要的是教会儿童一些简单必要的音乐技能，如教会儿童如何用自然好听的嗓音而不喊叫地唱好歌，怎样吐字清晰，会听前奏、间奏；怎样欣赏音乐，力求让每个儿童都有质量地掌握教材；在音乐伴奏下做律动，掌握常用的节拍特点等，并教会儿童有效地运用这些知识技能，有感情地表现音乐作品内容，达到技巧能为内容服务。

第一节　学前音乐教育的歌唱活动实施

歌唱活动是一项运用嗓音来表达情感、表现生活的艺术，是一门特殊的音乐表现形式。学前儿童通过学唱歌曲的过程，促进儿童在音乐素养、学习品质和社会性等方面的发展。

一、学前儿童歌唱活动的教学任务分析

音乐素养、学习品质和社会性的发展是寓于歌曲学习之中的，歌唱活动的各个环节都有知识可学，因此我们需要在设计和实施歌唱教学活动时，具有教育意识，抓住促进儿童发展的机会来开展教学。从歌曲的构成来看，词和曲是它的主体要素。若想熟练地演唱歌曲，则需要一定的练习，练习又是在熟悉歌曲的基础上来开展的，而熟悉歌曲需要对歌词的理解和曲调的记忆，以及对词曲关系的认识和理解。儿童的年龄特点表明，他们的歌曲学习是有别于成人的，他们无论在了解歌曲的内容、理解歌曲的关系，以及练习演唱等方面都不是端坐静听的，而是需要借助于游戏来进行。

二、幼儿园歌唱活动的教育内容要求

儿童天生是随性的，是不受拘束的，他们想唱就唱，可以自己唱，和同伴唱、全班一起唱、你先唱我后唱等，随时享受歌唱的快乐。歌唱活动教给儿童唱歌的艺术，也教给儿童生活的艺术。幼儿园歌唱活动的内容主要有以下三个方面：

（一）歌曲

歌曲是由歌词和曲谱相结合的艺术形式，词曲一一相应，是音乐与文学紧密结合的典范。歌曲随时代的变迁而变化，不同时期的歌曲有不同的特点，不同时代的人对歌曲也有不同的记忆和感受。在幼儿园里，儿童可以演唱教师精心挑选的歌谣，欢快的、明亮的、跳跃的、舒缓的；可以演唱民间流传许久的民谣，高亢的、低沉的；也可以演唱教师或家长为了方便儿童记忆而编的顺口溜形式的歌曲。在进行歌唱活动教学时，要根据实际情况选择歌曲。比如"六一"儿童节时就要选择欢快愉悦、活泼向上的歌曲，而母亲节期间就要选择温馨舒缓、充满爱意的歌曲，中秋节、春节前后则选择象征团圆、节奏明快的歌曲。

（二）歌唱的表演形式

学前儿童具有活泼好动、好奇好问的特点，无论是直接感受还是间接体验，周围的世界在他们看来都是五彩斑斓、变幻莫测的。根据儿童的这些特性，幼儿园歌唱活动在选择表演形式时也应该是多种多样的，既要考虑歌曲速度、力度、节奏、旋律等要素的差异，又要满足不同个性、不同条件的儿童的需要。综合而言，各种歌唱的表演形式可以理解如下。

1. 独唱

一个人独立地演唱歌曲，常有伴奏，也可以是无伴奏歌唱。独唱是一种个性艺术，儿童可以通过独唱表现自我，发挥自身的歌唱优势。例如，一个儿童在教师的钢琴伴奏下演唱《好妈妈》。

2. 合唱

集体演唱多声部的声乐作品的艺术门类，一般会有指挥一人，伴奏可有可无，由两组以上的歌唱者各按本组所担任的声部演唱同一乐曲，分为同声与混声两种。同声的由男声或女声单独组成；混声的由男声和女声混合组成，按声部的多少，可分二部合唱、三部合唱四部合唱等。在组织儿童合唱歌曲时，可以是一个声部哼唱旋律，另一个声部根据哼唱的节奏来朗诵歌词；可以是一个声部演唱（或哼唱）歌词，另一个声部使用相同的旋律唱衬词；可以是一个声部演唱（或哼唱）歌词，另一个声部在第一个声部休止或延长处演唱填充式的词曲；也可以是一个声部演唱（或哼唱）歌词，另一个声部演唱固定音型式的词曲或延长音。如两组儿童合唱二声部歌曲《小乌鸦爱妈妈》，特殊的表演形式能够营造出此起彼伏的音乐效果，引发儿童的学习兴趣。

3. 轮唱

由两个、三个或四个声部演唱同一个旋律，所有声部并不同时开始，而是先后相距一拍或一个小节，根据歌曲旋律或人为安排轮到哪一声部唱就哪一声部唱，不管分多少部，结尾都要统一到一部才能结束。轮唱属于合唱的一种表现形式，营造的也是一种声音此起彼伏，连续不断的效果。如二声部轮唱歌曲《拨浪鼓》，使儿童体验拨浪鼓此起彼伏的乐趣。

4. 齐唱

一个歌唱集体在同一个旋律下，不变换声部从头唱到尾，也就是单声部的群唱。要求整齐划一，演唱完全相同的曲调及歌词。

5. 接唱

从一个乐曲或音乐主题进入另一个乐曲或音乐主题，也可以是同一个乐曲或音乐主题从中间或某一处更换演唱者继续演唱，但一般是半句接唱或一句接唱。包括个人与个人的接唱、小组与小组的接唱。

6. 对唱

两个或两组歌唱者进行的谈话问答式的演唱，形式活泼，所唱均为单声部歌曲，一般包括个人与个人、个人与小组、小组与小组三种形式。根据人声的不同还可以分为女生对唱、男生对唱、男女生对唱等，也可以是两组对唱。幼儿园歌唱活动中组织儿童学习民间歌曲或民间童谣时，使用对唱的表演形式较为普遍，符合民谣短小精悍、句式多样的特点，儿童演唱起来也朗朗上口，易于记忆。

7. 领唱齐唱

是一种个人和小组（集体）配合演唱的表演形式，由一个人或几个人演唱歌曲中前面部分或比较主要的部分，由小组（集体）演唱歌曲中剩余的部分。领唱齐唱可以培养儿童的同伴交往能力及合作意识、主动配合意识，教师在歌唱活动中要有意识地多运用这种表演形式。

8. 歌表演

顾名思义，即一边唱歌一边表演，两者内容要大体一致。对于儿童来说，用肢体表现出来的动作可以是符合歌词内容的，也可以是与歌词内容不完全同步的；可以是与歌曲节奏相吻合的，也可以是超前或落后于歌曲节奏的；可以是有空间位移，在允许的活动范围内手舞足蹈的；也可以是在原地拍拍手、跺跺脚。如大班的歌表演活动《对面的兔子看过来》，儿童们可以在布置好的场地边唱边表演。歌表演能够全方位地调动起儿童的音乐细胞和运动细胞，训练其手脚与旋律配合的协调性，使动作更优美，身体更协调。

（三）歌唱的简单知识和技能

儿童的歌唱虽不能与专业歌唱家同日而语，但为了他们以后能力的全面和谐发展，教师和家长要从小就注意教给儿童一些简单的歌唱知识和技巧，注意发掘儿童的歌唱天赋，训练儿童的歌唱能力。在幼儿园歌唱活动中，儿童需要学习掌握的简单歌唱知识和技能主要有以下几个方面。

1. 注意使用正确的歌唱姿势

儿童正处于唱歌的启蒙阶段，教师要教儿童掌握规范的歌唱姿势，这不仅是儿童的外在美的表现，更是儿童学会唱歌、能够唱好歌的必要素质。

儿童歌唱时，正确的站立姿势是：身体自然直立，双脚稍稍分开，两肩放松，双手自然下垂或放于背后，眼睛平视，挺胸收腹；正确的坐姿要求是：上身及头部端正，两手平放在膝上，胸部微挺，不前俯后仰，不将椅子坐满，不靠在椅背上，不耸肩，精神集中，表情自然。

教师在教学过程中要注意纠正儿童一边歌唱一边做小动作、驼着背唱歌等不良习惯，这样才能使儿童各部分发声器官正常、平稳、自如地发挥作用，才能使儿童在歌唱时获得较好的音色，体会到歌唱的无穷乐趣。

2. 掌握正确的呼吸方法和发声方法

正确的呼吸方法是：以自然呼吸为基础，不耸肩，不抬头，不随意晃动身体，并且注意尽可能不在句子中间换气，尽量使呼吸平稳均匀。

正确的发声方法是：面部放轻松，嘴巴稍微张开，自然地发出声音，既不乱喊乱叫，也不可以刻意地掩饰声音、控制音量，做到自然就行。

在具体的操作过程中让儿童做到这些可能比较困难，理解起来也比较抽象，但只要让他们在歌唱过程中多听。多看教师的发音过程，久而久之就会从模仿到自然地运用"共鸣"。俗语"气顺则声圆""气深声有根"形象地说明了唱歌时发声与呼吸所发挥的重要作用，掌握并使用正确的发声和呼吸方法是必不可少的。教师不必长篇大论式地给儿童讲解发声及呼吸的原理和知识，只需简明扼要地向其阐述技巧即可。

3. 在自然歌唱的基础上学会融入真情实感

开展儿童歌唱活动最主要的目的是使儿童能够从歌唱过程中寻找到乐趣，在舒适感中歌唱，在快乐中理解歌曲。出色的歌唱活动具备自然恰当的面部表情，声音表情以及肢体动作，处处流露出学前儿童阶段孩子们特有的活泼、可爱、自然和不做作。在这种歌唱状态下，儿童才有可能产生真情实感，才有意愿将真实感情融入歌唱中去。这与"移情"有相似之处，儿童会设身处地地使自己处于歌曲所设置的情景中，体验歌曲中人物的喜怒哀乐情境的优美欢愉，并愿意用一定的演唱技巧借助于歌声来传达内心的想法。

4. 学会正确、默契的合作技能

不论是合唱、齐唱还是对唱、轮唱等表演形式，都需要儿童学会一定的合作技能。例如，别人在唱歌时尽量保持安静，不发出噪声，为别人营造愉悦的歌唱环境；小组歌唱时尽量使自己的速度、力度、节奏与其他人保持一致；在二声部或者多声部歌曲演唱时准确与其他声部配合，做到和谐衔接等。

合作是一种精神，也是一门技术，儿童要学会以歌唱活动为跳板，将歌唱中的合作技能适时适地运用到生活和学习中去。

5. 歌唱时要注意保护嗓子

儿童时期声带发育尚未成熟，要尤其注意保护。首先，儿童发音练习曲的编选要合适，有明确的目的性和较强的针对性，练习曲要短小，从低音到高音，循序渐进，而不是单纯注重数量的练习；其次，要教给儿童适当掌握歌唱的时间和时机，一次连续歌唱的时间不要过长，小班、中班的儿童连续歌唱不超过十分钟，大班的儿童连续歌唱不超过二十分钟。为防止嗓子疲劳，还应注意不要在感冒、咽喉发炎的时候歌唱，不要在剧烈游戏或运动后

马上歌唱；再次，日常生活中应该注意不能长时间地大喊大叫和歌唱，不迎着大风歌唱，不在空气污浊的环境中歌唱，唱完歌不能立即喝冷饮或者吃冰激凌，在感觉到嗓子不舒服时要立刻休息和调整，时刻保持嗓子的舒适状态。

三、幼儿园歌唱活动的设计流程

根据学前儿童歌唱教学任务分析的结果，结合大量前辈教师长期工作实践和相关教育科学研究结果，学前儿童歌唱教学设计的总流程可以见图 3-1 所示。

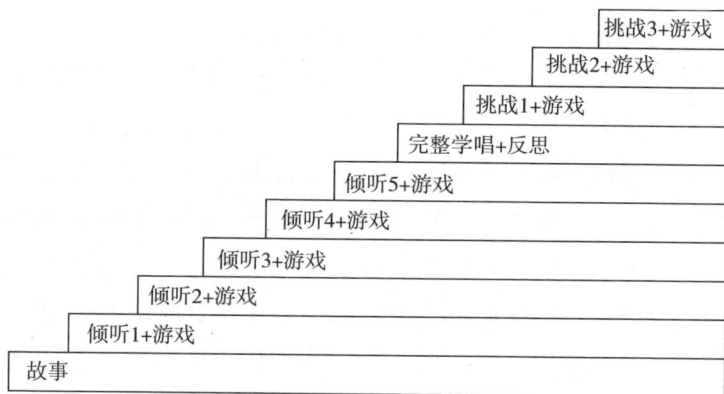

图 3-1　学前儿童歌唱教学设计总流程

（一）步骤 1——故事（以歌词为内容的故事）

对于初学者来讲，一般都要先设计一个由歌词转化而来的故事。故事内容要忠于歌词内容，突出重点和难点，尤其是一些文学性的词汇要变成故事语言。故事长度控制在 1 分钟之内。教师讲述故事时要注意语音清晰、语调平缓、语速适中和体态语言丰富，以帮助儿童理解歌词，特别是对重难点的理解和认识。这一环节主要是帮助儿童了解歌词内容。

（二）步骤 2~6——倾听歌曲 5 遍

大量的实验证明，儿童在学习一首新歌的时候，仅仅听 5 遍是不够的，不利于他们理解和记忆歌词，以及对旋律的感受。新歌教学时，教师要引导儿童多听，教师多次进行范唱，范唱的次数要根据儿童的音乐认知水平而定，在范唱的过程要变化不同的形式提高儿童的倾听兴趣，保持注意力的集中，这样儿童才能有效的学习歌曲。

在范唱过程中，每唱一遍都要让儿童知道"听什么"和"怎样听"，要让孩子养成良好的倾听习惯。这一环节主要是帮助儿童进一步熟悉歌曲内容，理解和记忆歌词和旋律，使儿童对词曲之间的关系有较为清晰的认识。

（三）步骤7——完整学唱

这一环节主要帮助儿童通过嗓音来学习相关内容，反思环节的增加可以让儿童进一步明白歌词、曲调及二者之间的关系。

（四）步骤8~10——挑战

不断的增加新的要求，对儿童发出新的任务指令，在演唱歌曲的过程中不断的变化，提高学习的兴趣，可以有效的培养儿童的合作能力，提高创造力，使儿童得到全面和谐发展这一环节需要通过多次练习，以获得巩固新歌的学习和多种能力的发展。

四、学前儿童歌唱活动的组织要点

（一）淡化伴奏，为儿童提供清晰的歌曲伴奏和范唱

歌唱活动组织中的"淡化伴奏"包括两个方面：

第一，教师范唱要淡化伴奏。教师在范唱时应该尽力以清唱为主，特别是对重难点乐句的范唱，这样儿童更容易听清楚歌曲的主旋律和曲调。

第二，儿童歌唱时也要淡化伴奏。儿童演唱时的淡化伴奏并不是让儿童清唱歌曲，而是要求教师在伴奏时，要突出主旋律，不要用一些花里胡哨的伴奏音型，让儿童分辨不出主旋律。再就是要求教师在伴奏时音量要适中，要让儿童能够听到自己的演唱，伴奏要轻声伴奏。

所谓的"淡化伴奏"也绝不是把伴奏取消掉，而且要根据儿童的音乐能力水平来调整伴奏的形式和标准。对于音准好，音乐感觉能力好的儿童，可以进行无主旋律伴奏法，丰富和声色彩，对于音准差，音乐感觉能力差的儿童，要采用有主旋律且伴奏音型简单的伴奏音型，要更凸显主旋律。

在幼儿园中，常见的伴奏乐器有钢琴、电子琴、手风琴等，它们都是有固定音高的乐器，能够帮助儿童感知准确的音高。随着社会发展、科技的进步，幼儿园的教学硬件设备条件大大提高，很多的教师更愿意采用这些电子类伴奏代替乐器伴奏，这样不利于儿童主旋律的感知，特别是音乐能力较差的儿童，她们很难感受到准确的音高。因此，教师亲自使用乐器伴奏比电子设备伴奏对儿童的音乐能力发展更有利。

（二）轻声入手，教师的范唱应准确、优美

教师是儿童模仿的最主要对象，儿童的学习以及后续自我调整多是以教师为参考，因此，教师的范唱应该以轻声入手，做到准确、优美。

1. 轻声入手

这里的"轻声"不代表是"小声"，"轻声"是要小小的声音，大大的气势，是带有情感的耳语式的演唱。曾经一个阶段，儿童唱歌一味追求"响亮"，导致很多儿童"大声喊叫"的来唱，这是非常不利于儿童嗓音发展的。这种演唱方式不仅不够优美，没有审美感觉，还会让人听着不舒服。因此，要求教师要"轻声演唱"带动儿童也是"轻声演唱"是在一个自然的状态下让儿童发出自然舒服的歌声，同时减少了"走音"的可能，更有助于让儿童投入情感，沉浸在艺术美的体验中。

2. 准确

教师在范唱前一定要多次练习，保证范唱时一定要音调准确，不能跑调走音，咬字吐字清晰，符合歌曲的风格特点。并且要不断的提高自己的歌唱技巧，随时改进自己的不足。

3. 优美

歌唱不仅仅是技能的体现，更是情感的表达，音乐中蕴含着对生活和艺术的情感。演唱是对音乐作品的二次创作，演唱者要把词曲作者的情感通过声音表达出来。歌曲的演唱形式如跳音、连贯、重音、弱音，这些都是表达情感的重要方式，除了歌唱时的示范，教师还应利用各种机会面对面地向着儿童歌唱，或带着儿童歌唱；经常采用不带伴奏的清唱和稍带夸张口型的方式歌唱；注意歌唱时音色、姿势、口型、表情和形体动作的完整性；注意歌唱时的节奏表达，注意旋律的分句和发音吐字清晰；注意指导时也应采用轻柔而有气势的语调。

（三）做好相关准备

组织儿童创编前，教师要预先做好必要的知识准备，并能在组织过程中通过不断提供思考线索、提供改善建议的方式来打开儿童的创编思路，丰富创编经验。

通常，教师在组织儿童进行创编活动之前，自己会先尝试创编若干各形式，这些样本能够体现教师对儿童创编的要求，又能保证活动具有良好的创造气氛和审美气氛。但是在实际组织教学过程中，教师不会直接给儿童提供自己的创编，他们往往会通过提问问题，提供思路等方式启发儿童的创编思路，能够运用各种教学手段和语言引导儿童创编后又丰富了自己的创编思路的教师才是一个好教师。

（四）组织儿童创编时要坚持"够用"原则

引导创编的活动中，创编的数量以"够用"为度。以为歌曲创编动作为例，如果一个动作就可以比较合适的表达了音乐内容，那么在这个动作出现后，这一内容的创编就结束了，不应该为了创编动作而创编，因为无限的多余的创编动作反而会消退他们的学习兴趣，变得注意力不集中。

在控制创编时间时，应谨慎把握创编歌词时对时间、空间、数量和质量的把控尺度，要适当的降低要求和难度，要从慢到快、从简单到复杂、从协作到独立完成创编和演唱的规律和原则。确保儿童在整个创编过程都能积极的参与，当活动结束时能让她们感到"意犹未尽"。

（五）在进行合作性歌曲演唱时，教师要注意引导儿童相互协调、合作演唱

在合作性歌曲演唱时，一定要能够听到别人的演唱。既能听到别人的演唱又能自己准确的演唱，才能够演唱得更好。组织儿童合作性演唱时要引导儿童相互倾听、相互配合、相互支持。在这个过程中，教师不要说"我听到×××小朋友的声音"这样的话，这样会引起儿童大声的喊叫来引起教师的注意，唱歌变成了"喊叫"失去了唱歌的意义。

五、学前儿童歌唱活动的组织案例——《泡泡不见了》

（一）设计意图

小班儿童对形象有趣的事物非常感兴趣，将歌唱活动与儿童日常生活中常见的小游戏结合起来，不仅能够减轻教师教学的压力，还能够激发儿童对歌唱活动的兴趣、培养儿童对音乐的敏锐力和反应能力。《泡泡不见了》是一首简单易懂又充满趣味性的歌曲，非常符合小班儿童的身心发展特点。

（二）活动目标

（1）能够完整地歌唱歌曲并且大胆地表现歌曲的情感。
（2）锻炼观察力、注意力，对音乐的开始与结束的反应能力。
（3）用愉快的心情进行此活动。

（三）重点难点

（1）肢体动作与音乐的协调配合。
（2）使用其他动作表现歌曲。

（四）活动准备

吹泡泡器一个。

（五）活动过程

1. 活动导入

使用吹泡泡器导入活动，激发儿童兴趣。

师：今天老师给小朋友们带来了一位有趣的朋友，小朋友们想认识吗？（边说边吹泡泡）。

师：泡泡是什么样子的？老师吹出来的泡泡有什么不一样吗？（儿童思考并且期待接下来的活动。）

评析：吹泡泡是儿童日常生活中常见的、感兴趣的活动，他们不仅对吹泡泡器充满好奇，而且对泡泡兴趣浓厚。教师利用儿童的这种心理设计导入环节，使活动从一开始便抓住了儿童的心思，吸引住他们的眼球，为后来活动的顺利开展做好了铺垫。教师在此环节使用的语言也非常精彩，将泡泡比作"有趣的朋友"介绍给儿童认识，拉近了儿童与本次活动的距离，并且让儿童带着问题进入到活动的下一环节，衔接自然紧密。

2. 活动展开

（1）进行音乐游戏。

师：泡泡想和小朋友们做个游戏，老师负责把泡泡吹出来，然后请小朋友们跟着吹出来的泡泡唱"啊"音，一直延长到泡泡破裂，破裂时你们要发出"啪"的声音，明白了吗？（练习3~4遍）

师：然后，老师想要给游戏增加一点难度，请小朋友们在跟着泡泡说"啊"的同时拍拍手，等泡泡破裂说"啪"的时候再跺一下脚，好吗？（练习2~3遍）

（2）儿童学唱歌曲。

师：泡泡还有一件礼物要送给小朋友们呢，请大家看大屏幕。（播放课件）

师：这件礼物叫什么呢？

幼：《泡泡不见了》。

师：小朋友们喜欢这个礼物吗？

幼：喜欢！

师：那我们大家一起来学唱它好不好？

幼：好！（学唱歌曲并模仿泡泡飞上天空的样子和破裂时的样子）

师：小朋友们的动作做得真漂亮，我们一起来把这首歌完整地唱一遍吧！（唱2~3遍）

（3）歌曲表演。

师：刚才我看见有许多小朋友在表演泡泡不见了和泡泡破裂的时候，动作非常漂亮，现在老师想请你们给歌曲加上动作，边唱边跳。看看哪个小朋友的动作最漂亮，等会儿就请他到上面来表演！

（个别儿童进行表演）

师：小朋友们都非常棒，那大家想一想还有什么别的动作可以表演泡泡吗？（全体儿童进行表演）

评析：本次活动设计巧妙，使用的道具虽然简单，却发挥了很大的作用。吹泡泡器的使用使儿童的积极性被调动起来，学习歌曲的热情也很足，加上

课件中歌曲的播放，不会使儿童感觉这是在进行一节音乐活动课，而是在共同参加一场有趣的游戏，都尽情投入动作表演和歌曲中去，整个活动在游戏氛围中顺利进行。音乐游戏的设计既活跃了气氛，也锻炼了儿童肢体动作的协调性。但需要注意的一点是，教师在过程中应尽量照顾到每一个儿童的情绪和动作，多加以引导。

3. 活动延伸

集体活动结束后，教师可以鼓励儿童自由组合继续刚才的游戏，有意识地引导儿童自己探索使用其他的动作表现泡泡，以此来强化对歌曲的记忆和认识，加深儿童对歌曲的理解。

第二节　学前音乐教育的律动活动实施

律动是身体跟随音乐节拍，通过身体的方式表达出来的一种舞蹈形式，又被称为听音乐做动作。我们可以发现，在日常生活中，许多儿童在听到音乐时会下意识地将身体摆动，虽然他们对音乐内容没有概念，但是对节奏和旋律是有反应有感情的。这种由音乐激发的，有节奏的，直觉性的身体动作和姿态表现，就是"律动"。律动的主要目的是培养儿童的节奏感。

一、律动在学前音乐教育中的意义

"律动"两个字是希腊语 Ryhmos 变化发展而来的。英语称 Rhythmie 是节奏的意思。从字意上讲，律动可解释为有韵律节奏的身体动作。律动是儿童教育中不可缺少的内容，在儿童时期有着特殊的地位和作用。因为儿童时期是孩子生理、心理成长的主要时期，他们特别喜欢活动、模仿，需要做各种动作来反映他们的思想和感情。如在"鸟飞"的训练中，让孩子感受到音乐是活泼的、柔和的，节奏是轻快的；在"熊走"的训练中，让孩子体会到音乐是低沉的、笨重的，节奏是缓慢的；在"哄娃娃睡觉"中感到音乐是宁静的、温和的，节奏是摇荡性的。不同性质，不同节奏的音乐，只有通过儿童自身运动才能使音乐的内容直观化形象化。

（一）培养儿童的音乐感受力

儿童需要被老师指引培养音乐的感受力，儿童的音乐感受力学习是在不断的实践中成长的，在律动中逐渐地掌握和明确了音乐的节拍、节奏、强弱，以及所表现的音乐形象和渲染的气氛。

律动的学习对于儿童的生理发展有许多好处，比如可以促进儿童听觉系统的发展，让儿童受到音乐的熏陶，最终能提高音乐的欣赏能力，增强对音乐的感受力。

（二）培养儿童的音乐表现力

培养儿童的音乐表现能力需要强化身体与音乐之间的联系。律动就是一种将音乐与情感结合起来的方法，需要联系上对音乐的感受和身体的运动。儿童们听音乐的时候，就会强化了身体与音乐之间的联系。

（三）培养儿童的音乐创造力

什么是律动？可以解释为有节奏地跳动，这是一种在在生理器官和思维之间联系紧密的媒介。

儿童在生活成长中拥有了一定的生活积累和记忆储存，这些记忆和生活积累会影响每一个人的生活，并且会引发和创造的联想和想象并不相同，所以用身体表现出来的律动形象也是千姿百态、各具特色的。

二、学前儿童律动活动能力的发展

不同年龄阶段的学前儿童律动活动能力有很大差别。了解学前儿童律动活动能力的发展特点，是开展幼儿园律动活动教学的实践需要。

3~4岁学前儿童能够用手、手臂、躯干做出简单的动作，下肢出现简单的非移动动作。基本上能按照音乐的节奏做上肢或下肢的简单动作和模仿动作，能学会一些简单的集体舞，初步体验用表情、动作、姿态与他人沟通的方法和乐趣。0~3岁学前儿童动作发展较差，节奏感不强，形象思维占主导地位，音乐经验还比较少，最开始发展的动作是"一般生活性动作"，然后是"律动模仿动作"。这两种动作，即使在没有成人进行专门性教育的条件下，学前儿童也可能通过自己的探索活动获得。选择的动作首先应考虑以一般生活动作为主，同时注意逐步增加律动模仿动作的比例。另外，简单的舞蹈动作学习应在后期逐步进行。

3~4岁学前儿童，特别是进入幼儿园后，在良好教育的影响下，动作掌握逐步精细，主要表现在：

控制能力方面：能掌握动作的速度、幅度。

协调能力方面：能流畅地、协调地随音乐做动作。

表现能力方面：能模仿生活中的具体事物，用动作来表现自己的情感体验。如一般生活性动作：走、跳、拍手、点头、晃动小手或手臂等。模仿动物的动作：鸟飞、象走、兔跳等；模仿日常生活的动作：洗脸、梳头等；模仿自然界的现象：花开、叶落、风吹等。舞蹈动作：碎步、踮脚尖等。

4~5岁学前儿童的上肢动作更为精细、复杂，下肢可以学会稍复杂的连续移动动作，能够按音乐的节奏做简单的上下肢联合的基本动作、模仿动作和舞蹈动作，可以随音乐的变化而改变动作的力度、速度等，能逐渐掌握一些难度稍高的基本舞蹈动作。并开始出现复合动作，控制与协调能力进一步加强，能合拍做动作，且更加自如，开始注意用动作与同伴进行交流，能初步了解一些创编韵律动作组合的规律，尝试进行简单的创编。如一般生活性动作：跑、跳、拍手、晃动头部、摆动身体、转手腕等。律动模仿动作：模仿动物的动作：鱼游、蛙跳、马跑等；模仿自然界的现象：下雨、风吹等；模仿成人的劳动或活动：摘果子、采茶、打鼓、吹喇叭等；模仿儿童游戏中的动作：拍皮球、跷跷板等。舞蹈动作：艺术表演性动作（如小跑步、踏步、踏点步等）。

5~6岁学前儿童能够比较准确地按音乐的节奏做各种稍复杂的基本动作和舞蹈动作组合，能进一步了解律动动作组合的规律，能学会掌握一些含有创造性成分的稍复杂的集体舞，能够使用已掌握的空间知识创造性地进行动作表演，并喜欢为不同的律动活动选择不同的道具。动作掌握分化更精细，出现复杂的上下肢联合的动作，复杂的连续移动动作，有腾空过程的简单动作，能进一步保持重心与平衡能力。律动模仿动作和舞蹈动作已逐步成为此阶段学前儿童韵律活动的主要内容，而一般生活性动作则会逐步退到更次要的地位，开始考虑逐步地加入民族文化风格特性比较明显的中外舞蹈动作，并且能按照一定的规律，在已有的民族舞蹈动作经验上创编一些舞蹈动作组合。

三、学前儿童韵律活动的教学要求

（一）学前儿童律动活动的总要求

（1）能够感知、理解律动动作所表现的要求、情感和意义，理解音乐、道具在律动动作表现活动中的作用。

（2）能够体验并努力争取做出与音乐相协调的韵律动作。

（3）能够自如地运用自己的身体动作进行再现性和创造性表现。

（二）学前儿童律动活动的具体要求

1. 小班律动活动的具体要求

（1）能跟随音乐的节奏做简单的基本动作和模仿动作。

（2）喜欢参加集体的律动活动和音乐游戏。

（3）学习一些较简单的集体舞。

（4）初步尝试和体验用动作、表情和姿态与他人交流的方法和乐趣。

2. 中班律动活动的具体要求

（1）能跟随音乐的节奏做简单的基本动作、模仿动作和舞蹈动作。

（2）喜欢参加集体的律动活动和音乐游戏。

（3）学习一些基本的舞蹈动作和集体舞。

（4）享受并体验用动作、表情和姿态与他人交流的方法和乐趣，初步尝试用创造性的动作自发地随音乐自由舞蹈的乐趣。

（5）能够在动作表演过程中学习使用一些简单的道具。

3. 大班律动活动的具体要求

（1）能跟随音乐的节奏较准确地做各种稍复杂的基本动作、模仿动作和舞蹈动作组合。

（2）喜欢参加集体的律动活动和音乐游戏，喜欢自发地随音乐自由舞蹈。

（3）进一步丰富舞蹈动作语汇，在掌握一些基本的舞蹈动作和集体舞的基础上，学习一些含有创造性成分的稍复杂的舞蹈动作组合。

（4）能够积极体验用动作、表情和姿态与他人交流的方法和乐趣，并在

合作表演的过程中尝试用创造性的动作大胆主动的表现。

（5）能够在动作表演过程中较熟悉地使用一些简单的道具。

四、学前儿童律动活动的教育内容与组织

律动活动包括舞蹈、身体打击等，是学前儿童感知与表达音乐的核心手段，是学前儿童最喜欢的一种音乐表现方式。律动活动可以调节学前儿童的情绪，发展学前儿童的动作协调性，培养学前儿童的想象力和创造力。学前儿童是用四肢协调或不协调的动作来表现、感受韵律的美，教师应鼓励学前儿童大胆、创造性地表演，应有效地利用这些可贵的动作组织活动，使律动活动成为提高学前儿童身体感受敏锐度的有效途径。

（一）学前儿童律动活动的内容

学前儿童律动活动的内容包括律动活动的简单知识和技能、律动动作及其组合和律动活动的常规。

1. 律动活动的简单知识和技能

学前儿童需要学习的律动活动的简单知识和技能包括：掌握动作的知识和技能、变化动作的知识和技能、组织动作的知识和技能及使用道具的知识和技能。

毕竟，随意地动与随音乐地动存在很大差别。在实际教学里，动作虽然涉及所有的音乐活动，但究竟如何进入到动作教学，动作的入门课程如何开展，对于身体部位的探索与认知，如何让学前儿童"动起来"，应该用什么样的方式，等等，这些都需要我们去认真思考。对动作的"体验"应该从动作入门开始，借助大量的游戏活动，结合音乐进行即兴动作的探索与模仿，教师要引导学前儿童进行更多地自我探索，在音乐活动中熟悉自己的身体，创造更多动的方式。在对动作的探索体验中自然地融入音乐中，更好地感受随音乐活动带来的愉悦和满足。

（1）掌握动作的知识和技能。在律动活动教学中，教师需要帮助学前儿童形成基本的动作经验，包括身体部位运动方式、身体部位运动方向、重心控制、各部位之间的配合。

（2）变化动作的知识和技能。变化动作的知识包括变化动作的幅度、变

化动作的力度、变化动作的节奏、变化动作的姿态。

（3）组织动作的知识和技能。组织动作的知识和技能包括按情节内容组织、按身体部位的某种秩序组织、按音乐的重复与变化规律组织、按对称的原则组织、按主题动作组织。

（4）使用道具的知识和技能。使用恰当的道具可以更好地帮助教师的"教"和学前儿童的"学"。合适的道具，前提是不影响移动和做动作，能发展创造性的道具，如纱巾、彩带等。

2. 律动动作及其组合

律动动作是指用身体动作自由表达音乐的过程。学前儿童学习的韵律动作主要有三类：基本动作、模仿动作、舞蹈动作。基本动作包括拍手、晃动、摇摆、弯曲、转身等非移动动作和走、跑、跳、蹦、跨、爬等移动动作。模仿动作包括模仿人们日常生活中的动作，模仿动物、人们的劳动、自然现象、游戏动作等。舞蹈动作指经过多年的演化和进步，已经程序化的艺术表演动作，如碎步、小跑步、垫步、踏点步等。

韵律组合是指按照一首结构相对完整的乐曲组织起来的一组韵律动作，主要包括基本动作组合，模仿动作组合和舞蹈动作组合。其中，舞蹈动作组合又包括表演舞组合、集体舞组合、自娱舞组合。

3. 韵律活动的常规

律动活动时，学前儿童常处于运动和兴奋的不稳定状态，律动活动常规既能培养学前儿童的纪律性和责任感，也是集体律动活动顺利进行的重要保证。律动活动的常规主要有活动开始和结束的常规及活动进行中的常规。

（1）活动开始和结束的常规。活动开始和结束的常规主要包括：听音乐的信号起立和坐下；听音乐的信号开始和结束活动；在没有特殊要求的情况下，活动后自己找空位置坐下；活动结束时自己收拾道具和整理场地。

（2）活动进行中的常规。活动进行中的常规主要包括：在规定的范围内活动；在没有队形要求时，找比较空的地方活动；在自由移动情况下，不与他人或障碍物（道具、桌椅等）相撞；在自由结伴活动中，迅速、安静地在规定时间内寻找、选择和交换舞伴，分组和分配角色；在自由结伴活动中，热情而有节制地与舞伴交流、合作。

（二）学前儿童韵律活动材料的选择

律动活动材料包括动作、音乐、道具，为学前儿童选择律动活动材料也应从这三方面考虑。

1. 动作的选择

（1）按动作发展规律选择动作。律动活动材料的选择要考虑动作类型和动作难度两个维度。

在中班阶段，首先应该注意提高律动模仿动作的比例。一些难度较高的基本舞蹈动作在总体学习内容中的比例也应该开始逐步提高。

到了大班阶段，律动模仿动作和舞蹈动作已经逐步成为幼儿园律动活动的主要学习内容，而一般生活性动作则会逐步退居更次要的地位。

其次，在学前儿童年龄早期，舞蹈动作应该是更加儿童化和更加"中性"的；而在学前儿童年龄中后期，可以谨慎地考虑逐步加入民族文化风格特征更为明显的中外舞蹈动作。

最后，学前儿童的动作发展是有一定规律的，即从大的整体动作到小的精细动作；从单纯动作到复合动作；从不移动动作到移动动作。因此，在为学前儿童选择动作时，还应该从动作难度方面做如下考虑：

①3~4岁的儿童，小肌肉动作、联合性动作发展得不太好，因此，开始可以选用一些坐着或站着不移动的单纯上肢大肌肉动作，如打鼓、吹喇叭、拍球等。随后，可以逐步学习一些单纯的下肢动作，如踏步、走步、小碎步等。最后，在上述动作均已熟练的基础上再做移动和不移动的联合动作，如边走边拍手、边走小碎步边学小鸟飞、边踏步走边绕动手臂做开火车的动作等。

②4~6岁的儿童，其控制动作的能力与节奏感都有所发展，因而可以较多地学习移动动作、联合动作和一些小肌肉的、细小的动作，如边走秧歌步边甩动红绸、边走垫步边手腕转动做"摘果子"动作等。

③就动作的变化来说，儿童一般比较容易接受连续重复的动作。动作变换一般应在段落之间进行，偶尔也可以在乐句之间进行。随着儿童记忆和反应能力的提高，动作变换可以较多地在乐句之间进行，甚至偶尔也可以在乐句之内进行。

（2）为学前儿童"炫舞"留空间。在选材时教师要注意处理好教授的内容与创造性内容的比例，为学前儿童"炫耀"自己的舞姿留出空间，不要把学前儿童的创新潜能埋没了。

2. 音乐的选择

为学前儿童律动活动选择音乐时应注意以下几点。

（1）节奏清晰，结构工整。旋律优美、节奏性强、结构工整的音乐，容易让学前儿童用动作来表现，更容易激起学前儿童进行律动活动的欲望。

（2）贴近学前儿童，风格多样。音乐是律动活动的灵魂，学前儿童律动活动中音乐的选择尤为重要。为学前儿童选择音乐时，首先要贴近学前儿童，尊重学前儿童的年龄需要，选择适合学前儿童年龄发展的素材。其次是要符合学前儿童的年龄特点，考虑男孩女孩的不同需要。随着年龄的增长，学前儿童喜爱的音乐风格和样式也在不断变化。如《健康歌》，很多学前儿童都会唱，并且都很喜欢歌手范晓萱在歌曲中的形象和韵律活动，可以选择这种具有亲和力，学前儿童喜欢的音乐作为律动活动的音乐素材。又如主题"午后散步"，可以选择《秋叶》《可爱的太阳》等音乐作为律动活动的素材。这些素材来源于学前儿童的生活及周围熟悉的环境，更容易被学前儿童喜欢和理解。内容的选择首先要富有童趣，能体现学前儿童的内心世界，能吸引他们，让他们喜欢。

（3）适应动作需要。律动活动不是随意的毫无目的的做一些动作，而是要卡着节拍随着音乐旋律做动作。在为儿童选择律动活动材料的时候，要考虑材料是否符合音乐和律动动作的需要。因此，要注意以下几点：

①选择的音乐节奏要鲜明、清晰，音乐结构要整齐，有规律可循，旋律优美，风格鲜明，形象明确。一是可以激发儿童的参与兴趣；二是儿童容易理解并用动作表演出来。

②不同的音乐旋律可以用同一个动作来体现。如小班儿童喜欢用"小鸟飞"的动作来表示某一种类型的音乐，那么教师可以更换不同的适合做"小鸟飞"的音乐，让儿童感受，帮助他们知道什么样的音乐适合做"小鸟飞"的动作。丰富儿童的音乐感受力，也促进儿童音乐迁移能力的发展。

③同一个音乐可以用不同的动作来表达。对一首音乐进行变奏，如节奏、速度、音区等发生变化，音乐性质也发生变化，所以表现的动作也发生改变。如果原来的音乐是中声区，适合用普通的走步来体现，如果高几个度，再加上几个跳音后，就适合用蹦跳的动作来体现，如果改成三拍子，再提高音

区，就适合用柔和起伏的鸟飞的动作来表示了。

④在组织儿童进行律动活动是，对音乐的选择要精准，所选择的音乐要适合儿童的年龄特点。比如对于低龄的儿童，选择的音乐不易太快。再比如一开始的律动活动，教师在伴奏时要注意跟随儿童的动作，等儿童逐渐适应后，再引导儿童跟随音乐节拍进行动作，在儿童逐渐熟悉后，可以适当的加快速度或变化。

3. 道具的选择

道具的使用能增加学前儿童律动活动的趣味性，扩大其动作的表现力；能增强儿童的美感，引发和丰富学前儿童的想象、联想。所以应多使用学前儿童身边普通的物品，甚至是对废旧物品进行装饰再创造，实现"变废为宝"。

3~4岁学前儿童所选的道具除新颖有趣以外，还应便于取放、抓握，所选具不宜过大、过重，使用技巧也不宜过于复杂。5~6岁学前儿童使用的道具应能增强学前儿童的美感，能引发和丰富学前儿童的想象、联想。因此，所选的道具不要讲究逼真，仅向学前儿童提供某种线索，让学前儿童自己去选择，或者让学前儿童自己去制作道具等。

第三节　学前音乐教育的器乐演奏活动实施

器乐演奏教学是学校音乐教育的重要内容，它进入学校教学领域远晚于歌唱教学，一些发达国家的演奏教学在学前音乐教育中已经早早地开展了，并在教学上取得了显著的成绩，我国学前音乐教育的器乐教学起步虽晚，但发展速度较快，已取得了可喜的成绩，现正向多样化、综合化发展。

一、器乐教学中的形象思维

（一）演奏过程中形象思维的活动

演奏过程中有没有形象思维的活动？答案是肯定的。从演奏开始的基本姿势、手型、指法，到最后的表演，都存在形象思维的活动。

以电子琴演奏为例。我们要求手腕放平、手指弯曲、两臂平放，就是形象思维的活动。手腕放平，放平到什么程度这不是个抽象的概念而是有具体形状的。为了检验在演奏过程中手腕是否处于平放的位置，有的教师还在学生腕部放一枚硬币，如果硬币不掉下来就说明姿势正确，如果掉下来就说明姿势不正确了。这种形象的方法很快就能帮助学生理解正确的弹奏姿势。

在演绎音乐的整个过程中，优美的音色，准确的音高，细微的速度与力度的变化，巧妙的和声与旋律的结合，特别是对音乐的领悟，都是形象思维的过程，仅有技术是不够的。功夫在琴外。许多人都曾经弹过《牧童短笛》，但当听到著名钢琴家傅聪的演奏时才恍然大悟。

（二）器乐教学过程中贯穿着创造思维的活动

掌握乐器的技能技巧不是音乐教学的目的，通过演奏获得审美体验才是器乐教学的真正目的。如何防止器乐教学进入纯技巧训练的误区呢？方法之一就是要在教学过程中贯穿和发展创造思维。

从演奏是二度创作的意义上来看，演奏过程中有许多创造思维的因素。

1. 对乐曲创造性的感知

在器乐教学中我们不能一上课就解决识谱，然后弹奏，而是要引导学生创造性地感知音乐，所以教师的范奏是非常重要的（提倡教师范奏，由于和学生有交流，而且视听结合对学生的感染力要比录音效果好得多）。通过生动的范奏引起学生的兴趣，进一步引导他们去分析感知音乐，从中获得审美感受。这种感受对每个学生都是不一样的，应允许有个别的差异，不要强求统一，强求统一是不利于发展创造性思维的。

2. 创造性的练习

在练习阶段学生的创造思维应得到充分的发挥，学生根据自己对音乐的感受去表现音乐，自己去配编指法，选择音色，确定速度、力度，选择节奏、和声等不同的声音效果。有的教师在器乐教学中采用集体练习的做法，这实际上又回到老路上去了。用统一的指法、音色、速度、力度等，这就束缚了学生的创造思维。当然，合奏时的统一是另外一种形式，在先放后收的过程中发展学生的个性。

3. 创造性的评价

在音乐教学中实施评价体现了以学生为主体的思想。既有对自己的评价，也有对他人的评价。评价的过程就包含了创造思维的因素。每个人的感

受不同，对他人的评价也不同，通过评价锻炼了学生的思维能力。在评价的过程中要引导学生正确地对待自己，正确地对待他人，养成尊重他人的品质，避免过分地给别人"挑刺儿"。

二、器乐教学中常见的乐器

器乐教学应与唱歌、欣赏、创造等教学内容密切结合。需要注意避免过大音量和噪声对学生听力和健康的损害。可因地制宜地选择学习本地区、本民族适宜儿童课堂教学的乐器，同时鼓励和引导学生自制乐器。

课堂器乐教学可根据不同条件，选用结构简单、容易演奏并有一定效果的乐器。低年级一般选用常见的儿童打击乐器教学，中、高年级可逐步选用有固定音高的乐器教学。

儿童打击乐器大多数没有固定音高，是以敲击发声的方法来表现音乐节奏的，也可称为节奏乐器。课堂器乐教学中常用的打击乐器有响板、串铃、碰铃、铃鼓、三角铁、小鼓、大鼓、木鱼、双响筒、沙球、小锣、小钹、小堂鼓及大锣等。

除上述打击乐器外，还可因地制宜，自制各种打击乐器。如用两把竹筷相互敲击；或将两块竹片分别用橡皮筋固定在拇指与食指间，互相碰击即成简易打击乐器；也有用易拉罐装入少量沙石或米、豆之类，做成沙瓶；用一根铁丝将许多瓶盖串在一起，做成串铃；甚至用旧钢条做成三角铁；用竹板做成响板……学生用他们自己制作的乐器进行即兴伴奏，不仅兴趣浓厚、情绪高涨，学得特别开心，而且在演奏中还能大胆地、别出心裁地使用与众不同的音型进行伴奏。可以说此时学生的兴奋点被激活了，他们的创新意识得到强化，所以可多鼓励学生自制简易打击乐器。

课堂器乐教学除选用常见的打击乐器外，还可逐步选用有固定音高、演奏技法不十分复杂的乐器，主要有竖笛、口琴、木琴、铝板琴、口风琴、电子琴等乐器。

（1）竖笛。吹奏乐器，也称牧童笛。构造简单，音色优美，易演奏，常用于吹奏旋律。目前课堂教学使用较多的是六孔竖笛，其指法与民族乐器竹笛基本相同。另有一种八孔竖笛，它具有转调方便的特点，但指法比六孔竖笛复杂。

（2）口琴。吹奏乐器，靠呼、吸振动簧片发音，音色像手风琴、风琴。

（3）木琴。打击乐器，靠敲击发声，声音清脆、短促，可演奏旋律。

（4）铝板琴。打击乐器，用小锤敲击发音，音色明亮，具有穿透力，可演奏旋律。

（5）口风琴。吹奏乐器，具有音域较宽、表现力较丰富的特点，音色类似单簧管，音量较大。演奏时用呼、吸振动簧片，手按键盘即可发音。

（6）电子琴。键盘乐器，有固定音高，有多种音色、节奏、伴奏和弦的自动装置，并设有音量微调控制，易于和其他乐器协调，表现力丰富，可演奏旋律，也可演奏和声。

除以上各类乐器外，课堂器乐教学还可选用一些简单的民族乐器，如弹拨乐器月琴、柳琴、古筝等，或拉弦乐器二胡、高胡等。这类弹拨乐器与拉弦乐器演奏技法相对简单，学生容易掌握。

由于课堂教学的局限，一般应选择一两种乐器作为学习的开始，学生人手一件，选择种类不宜太多，否则会因乐器演奏技法各不相同、学生得不到具体指导而引起课堂教学混乱。

三、器乐教学中应注意的问题

器乐教学中应注意的问题主要体现在以下几个方面。

（一）要明确器乐教学的目标

儿童器乐教学是通过器乐的学习激发学生对音乐的兴趣，培养学生对音乐的表现力和感受力，要改变把儿童器乐教学当作纯技能教学的做法。

（二）要注重教学内容的民族性

通过演奏一些民族风格浓郁的小型器乐曲（或片段），了解我国民族文化的多样性和特色，培养学生热爱民族文化，热爱祖国的思想情感。

（三）精心选择演奏曲目

要以篇幅简短、旋律优美的中外名曲为主，也可选择一些歌曲或乐曲的旋律片段，要注意少而精的原则，以适应学生的实际演奏能力和心理特征。

（四）尽量与歌唱、律动、欣赏、创作相结合

器乐教学要把歌唱、律动和感受等内容结合起来，让学生一边演奏一边演唱或律动，用乐器为歌曲伴奏，或即兴创造旋律等。既可激发学习兴趣、加深对音乐的理解，又能提高学生的音乐素养。

（五）注意循序渐进的原则，注重基础的作用

根据不同基础的学生选择不同的教学内容，是教学任务完成的重要因素，千万不可操之过急，在学生基础能力较低的情况下去演奏高难度的曲目。不但达不到教学的目的，也会进一步挫伤学生的积极性。因此，要实行从基础做起，环环相扣、步步为营，不要采取跳跃式的教学顺序。

四、学前儿童打击乐教育活动的呈现策略

在幼儿园打击乐教学策略中，任务意识的下位策略要属预令最具个性，而课堂管理意识的下位策略则属常规最具特点，动作难易意识策略也具有一些与其他四种教学不同的特点。

（一）任务意识策略中的预令策略

打击乐教学中的教师预令的实质就是指挥，所以教师指挥动作的简洁、准确就是预令策略的有效使用。下面为幼儿园音乐教师应该掌握的指挥的基本要求。

1. 手形与手的位置

常规指挥要求的手形是弹琴形状，但这种手形运用得不够规范时，导致手形太花，影响动作的明确性。对儿童而言，教师的指挥动作是越简洁越明确越好。所以，针对儿童的指挥可以用手指并拢、五指完全伸直的手形。手的位置要求摆放在胸前，无论手掌如何上下左右地摆动，手指方向永远与身体垂直、与地面平行。

2. 能指挥常规的二、三、四拍子乐曲

对 2/4、3/4、4/4 拍的乐曲，无论是强拍起还是弱拍起，都能自如指挥；对 6/8 拍的乐曲要用 2/4 拍的指挥动作指挥。

3. 乐句转换处指挥自如

乐曲的引子、歌曲的前奏处要会等待，引子与前奏结束后起拍动作准确、流畅，乐段转换动作明确、清晰，结束动作明确、合拍。

4. 完整与局部指挥

不仅能完整地指挥乐曲，当有教学需要时，在乐曲的几个关键位置还要能做到随时进行局部指挥。

（二）动作难易意识策略

在学前儿童音乐教育中，打击乐演奏往往在欣赏教学之后，即身体动作表演完成以后进行。从音乐能力培养的角度来说，从身体动作表演到演奏或从身体动作表演到演唱，是儿童音乐能力建立的必然次序。在这一次序中，打击乐演奏是作为身体动作表演的迁移一环，是音乐思维形成的重要一环。但是，作为迁移的打击乐演奏不涉及动作难易，不在这里展开。从动作类型角度来说，打击乐演奏属于带器械的身体动作，它比徒手的身体动作要难。从徒手身体动作到器械身体动作的易难层级是我们要着重讨论的。

仅通过听觉一个感觉通道去理解音乐，对非音乐专业的成人而言很难，更不要说对儿童了。教师为音乐设计一个故事并以身体动作的方式表现出来，儿童通过学习这些身体动作去感知、理解音乐，这是早期儿童学习音乐的最好途径。所以，身体动作是儿童感知、理解音乐的桥梁，正是借助这一桥梁，儿童走向了音乐。教师是针对某一音乐作品来搭建身体动作的桥梁的。如果音乐作品本身很难，如速度很快、音乐风格不明显、力度变化很大等，那么桥梁就要搭得容易一些，即身体动作就要简单一些；如果音乐作品本身比较容易表现，速度、力度都在儿童行动的自然状态之内，那么桥梁就可以搭得难一些，即身体动作可以增加一些难度。从四肢、躯干方面来看，身体动作的难易层级为上肢动作最易、躯干动作居中、下肢动作较难、下肢与上肢复合动作最难；从移动、不移动方面来看，身体动作的难易层级为不移动动作容易、移动动作难；从徒手到带器械的方面来看，徒手动作容易、带器械动作难。

打击乐演奏是徒手身体动作完成后的后续动作。一方面，它可以作为儿童感知音乐的变式手段。例如，儿童已经用声势表演了一个音乐作品，但声势表演比较单调，不能反复进行，所以以演奏打击乐的方式作为表演手段的

变化方式去维持儿童的音乐学习兴趣，从而达到让儿童更好地感知一个音乐作品的效果；另一方面，它可以作为儿童是否理解一个音乐作品的检验标准。如果儿童能够自主自如地用打击乐演奏已经徒手表演过的音乐作品，那么可以确认儿童已经理解了这一音乐作品。打击乐演奏无论是作为感知音乐的变式手段还是作为音乐理解的检验方式，它最好是在徒手身体动作表演完了以后出现。徒手身体动作打击乐演奏，是打击乐教学的基本程序，也是打击乐教学需要教师掌握的动作难易意识策略的核心内容。

（三）课堂管理意识策略中的常规策略

幼儿园音乐教学活动中的常规不只是针对儿童的，教师也需要建立一些常规。下面我们讨论一下儿童拿放打击乐器的常规与教师指挥时的站位常规。

1. 儿童拿放打击乐器的常规

演奏乐器时需要拿乐器、演奏结束时需要放乐器，这是打击乐演奏过程中儿童需要反复从事的行为。如果这种行为从小班开始就以一种固定的形式保留下来，那么这种行为就能成为儿童的一种习惯，即教学常规。一旦建立常规，这种行为就会变得自动化、自然化，给集体教学节约时间并带来极大的方便。

每个教师可以采用自己喜欢的方式让儿童拿放乐器。例如，有的教师喜欢把乐器在课前放在儿童的椅子下面，演奏前儿童从椅子下面取出乐器，演奏结束后放回；有的教师喜欢把乐器放在筐里，一类乐器放在一个筐里，演奏前儿童分组拿乐器，演奏结束后分组放回筐中；有的教师喜欢自己分乐器给儿童，演奏结束后再从儿童手中拿回。无论采用哪种方式，只要教师觉得既省时间又能维持秩序就好。在省时间、维持好的教学秩序的前提下，教师选择一种自己喜欢的方式，然后一以贯之地实施这种方式，一段时间后儿童就会习惯这种行为，并达到自然的程度。

放乐器的常规相对比较容易遵守，比较难的是对拿乐器常规的遵守。儿童拿到乐器后一定会对自己手中的乐器感到好奇，不免会摆弄几下。一个班30多个儿童，全都这么摆弄几下，课堂立马变成"市场"，异常喧闹。教师往往一着急就喊开了，事实上，这时教师越喊越无效。处理这种现象的方法是：第一，教师的心态要好，要理解儿童这时摆弄几下乐器实属正常；第二，教师的教学节奏在这里要转换得快，快速进入演奏状态，不要在这时处理教学上的其他事务；第三，用指挥动作让全体儿童齐奏乐器，由弱到强、由强到弱来回演奏几遍，让儿童对手头的乐器先熟悉一下，然后进入演奏的教学环节。

2. 教师指挥时的站位常规

在打击乐集体教学中，儿童的座位一般采用马蹄形与品字形，这是一种比较封闭的队形，适宜集体教学情境。根据作品音色或乐器种类的需要，单马蹄形、双马蹄形、品字形可能都会出现，所以教师对自己指挥时如何站位要有足够意识，心中清楚如何站位才能让所有的儿童不费劲地看到你，而你自己也能不费劲地看到所有的儿童。当你确认你的站位是合理后，你就逐渐固定你自己的站位，并习惯化。教师对自己的站位有意识并常规化，是打击乐教学有效性的重要保证。

第四节　学前音乐教育的音乐欣赏活动实施

审美是音乐教育的核心，音乐欣赏是培养儿童音乐审美能力的重要途径。美国著名儿童音乐教育心理学家詹姆斯·默塞尔在其音乐教育心理学名著《学校音乐教学心理学》一书中反复强调：在普通学校中，音乐教育就是欣赏教育，就是为欣赏而进行的教育。在这里，欣赏被定义为：怀着由衷的欣喜与热爱的情绪情感，去主动追求从美好的声音以及优秀音乐作品中获取的自我满足与自我发展。

一、学前音乐欣赏活动概述

（一）学前音乐欣赏活动的概念

幼儿园音乐欣赏活动主要是儿童通过聆听自然界、生活的各种音响和各种类型的音乐作品，以及观赏舞蹈、戏剧、音乐剧等各种形式的艺术表演获得审美享受的音乐活动，是儿童感知、理解音乐美并体验音乐情感的一种重要的音乐教育实践活动。音乐欣赏是幼儿园一切音乐活动的基础，幼儿园任何一种音乐教育活动都包含音乐欣赏的成分。

（二）学前音乐欣赏活动的价值

音乐欣赏活动可以启发儿童对音乐的学习兴趣，可以通过音乐欣赏培养

儿童的感知力、关注力、想象力和创造力，在欣赏音乐的过程中逐渐提高审美能力，陶冶情操。学前阶段的音乐欣赏活动主要是，引导儿童从音乐欣赏中获得自我满足和自我发展，充满着热情音乐的情感。获得初步的审美能力与健康的审美情趣。

（三）学前音乐欣赏活动的目标

幼儿园音乐欣赏活动应努力实现如下三方面的发展目标。

1. 情感、态度发展目标

儿童喜欢自然界与生活中各种美的事物和好听的声音；能够体验并享受音乐欣赏过程的快乐，能够大胆表达自己情感体验的快乐，愿意与他人分享交流欣赏音乐作品的快乐与美感体验；能尊重、认同各民族以及各种形式、风格的音乐作品，具有较广泛的音乐爱好。

2. 知识技能与能力发展目标

儿童能够感知自然界与周围生活中声音的高低、长短与强弱的变化；感受与理解音乐作品中基本的表现手段，能够掌握一些简单的音乐基础知识，能够在参与具体的音乐活动时加以运用；能具有感受、理解音乐作品的能力，通过理解感受音乐作品体会音乐表达的情感，从而引起想象；初步获得各种艺术和非艺术的经验，通过音乐欣赏活动；尝试利用身体动作、语言、画画等艺术形式表达自己对音乐作品的理解和认识、联想和想象、情感体验等；能够辨别欣赏过的音乐作品，具有一定的音乐记忆力。

3. 学习品质培养目标

儿童能主动倾听声音、欣赏音乐和表演，逐步养成认真倾听、大胆想象与表现等良好学习习惯；儿童容易被自然界与生活中好听的声音、好看的姿态所吸引，具有初步感受与发现美的耳朵、眼睛与心灵。

当然，上述目标渗透在各种欣赏活动中循序渐进地进行，绝非在一次音乐欣赏活动中就要全部完成，或者每次欣赏活动都要完成各方面的目标，教师应根据歌曲内容、儿童发展水平与发展实际等确定每次活动的主要目标。

二、儿童音乐欣赏能力的发展特点

由于音乐形象存在着不确定性与多义性，儿童受其身心发展水平、音乐教育环境以及对音乐的兴趣爱好等因素的影响，他们对音乐的倾听、感受、理解、想象创造以及审美能力的发展存在着较大的差异。儿童的音乐欣赏能力发展主要表现在以下几个方面。

（一）倾听与审美感知能力

"倾听"与一般的"听"不同，倾听是一种刻意行为，需要投入关注力。倾听的态度、情感与能力，是音乐欣赏的重要基础。

一个听力正常的儿童，在 3 岁前会获得丰富的倾听经验，他们从很小的时候就对倾听有着浓厚的兴趣，随着年龄增长，他们的活动范围变大，能够接触到的人、事物也越来越多，听到的声音和音乐也会越来越多，但是如果没有良好的教育伴随，儿童很难提取出周围环境中的美好的声音，也就很难养成良好的倾听习惯和技能。

通过良好的教育培养，3~4 岁的儿童可以自发主动的发现和倾听环境中的不同声音，去分辨他们的不同，比如大雨和小雨的声音变化，不同动物、交通工具发出的不同的声音等。表现在音乐活动中，儿童可以根据教师的要求去分辨倾听各种音响。逐步养成注意倾听教师、同伴的歌声和琴声伴奏的习惯，区别有明显差异的音乐作品的性质，对不同音乐情绪的乐曲有了初步的感受。

在良好的教育培养下，4 岁以后的儿童倾听的主动性、自觉性以及听辨能力可以获得更好的发展。除了按要求认真倾听和进行描述、分辨外，儿童还能较主动地倾听环境中的声音与音乐，听辨与描述能力进一步提高。在专门组织的音乐活动中，4~5 岁儿童开始能逐步分辨声音的细微变化，他们能欣赏内容较为广泛、性质多样的音乐作品，能区分音乐中明显的速度、力度、节拍和节奏型的变化，还能听出乐段、乐句之间的明显的重复与变化，如作曲家卡尔·海笛所作的乐曲《熊跳舞》（例3-1），该乐曲分为 ABA 三段，A段音乐主要在低音区演奏，节奏较缓慢；B 段音乐在高音区演奏，节奏轻快，AB 两段音乐在音高、节奏、速度等方面形成明显的对比，5 岁初期的儿童就可以较容易进行听辨。5~6 岁的儿童听觉分辨能力更加精细，开始能够感知音乐作品中的细节部分，还能感受、辨别较为复杂的器乐曲结构、音色以及在情绪风格上的细微区别，如 5 岁中期的儿童可以感受并初步分辨出《狮王进行曲》中狮子走路、吼叫部分音乐的明显变化，但是狮子走路旋律的变奏部分与主旋律的区别就比较细微，一般要 5 岁末期及 6 岁后的儿童才能听辨出来。

例 3-1

熊跳舞（片段）

卡尔·海笛　曲

（二）理解与审美想象能力

能够进行音乐欣赏一个重要的基础就是理解。音乐欣赏的理解是听到音乐后的情感理解、内容理解、思想理解、音乐想象、音乐结构理解等。

3 岁前的儿童对音乐的理解十分有限，他们一般易对节奏鲜明、旋律优美、音响柔和的音乐产生积极反应，2~3 岁的儿童能在教育者直观启发下初步理解十分明显的音乐情绪，如在反复欣赏《学做解放军》与《宝宝要睡觉》的基础上，提供两幅有关的形象图片，大部分儿童都能较正确地匹配。

3 岁的儿童已有了初步的理解音乐所表达的思想、情感的能力，并产生初步的想象与联想。在良好的教育培养下，儿童逐步学会理解他们所熟悉歌曲的歌词内容与思想，学会理解简单的、性质鲜明的器乐曲的音乐情绪，如听到《解放军进行曲》，儿童会理解这是解放军叔叔在很有精神地走路；听到《摇篮曲》，儿童会理解这是妈妈在哄宝宝睡觉等。3岁末期，儿童的联想与想象能力也逐渐发展起来了，他们能根据所听音乐的沉重、缓慢的性质，联想到大象、狗熊等巨大而笨重的动物形象；根据所听音乐的轻快、跳跃的性质，联想到小兔、松鼠、青蛙等动作灵巧的小动物等。

4~6岁的儿童，在良好的教育培养下，不仅能理解歌词内容稍复杂的歌曲，对器乐曲的理解能力也进一步增强了。其中，4~5岁的儿童已能借助歌词以及生活经验、音乐经验，基本能理解形象鲜明的乐曲所表达的艺术形象以及音乐大部分变化，如他们能理解《摇篮曲》最后结束句的渐弱渐慢，是表示小宝宝慢慢地睡着了。他们还学会初步理解音乐中变化较为明显的形式结构，如听了《瑶族舞曲》，对于基本相同的头尾两段，他们能将第一段理解为一群瑶族哥哥姐姐迈着优美的步伐准备参加舞会，将第三段理解为夜深了瑶族的哥哥姐姐准备回家了，对于节奏特别强烈的第二段，他们认为这才是瑶族哥哥姐姐在热情奔放地跳舞。5~6岁的儿童对纯器乐曲的理解能力进一步增强，能在清楚辨别音乐的速度、力度、音色、结构等较为细微变化的基础上，展开大胆的联想与想象，如他们开始能初步理解同样是进行曲的《解放军进行曲》《运动员进行曲》《拉德斯基进行曲》，有很多不同的感受，对每个音乐作品都能形成自己独特的理解。

（三）审美创造性表达能力

儿童的音乐欣赏与创造性表现活动尚处于不分化的状态之中，因此幼儿园的音乐欣赏活动总是随着创造性表现活动进行的。

3岁前的儿童逐步学会运用动作、嗓音和脸部表情对音乐做出某种直觉的反应，但创造性表现意识尚未萌芽。在良好的教育影响下，该时期的儿童逐步了解了一些可以用来表达音乐感受的手段，并逐步学会在自己能力水平上较自如地运用这些表现手段。3岁儿童最容易掌握与最经常运用的创造性音乐表现手段就是身体动作，到了3岁末期，儿童已能学会运用较为精确的简单动作表达自己的音乐感受，并初步意识到应尽量使自己的动作与他人不同。3岁儿童运用语言进行创造性音乐表达时显得相对困难，喜欢运用一些简单的类比性描述。如听到一首关于小鸟的音乐，第一部分音乐声音清

脆，第二部分音乐声音更加多样，儿童就会说：这是小鸟，那是他的爸爸妈妈，他们一起出去玩……

4~6 岁的儿童在音乐欣赏过程中的创造性表现能力进一步增强，在良好的教育影响下，儿童逐步学会运用各种手段创造性地表现自己对音乐的感受与理解，与前一阶段相比，其创造性表现的意识更为主动、积极，表现手段、形式更多样，有身体动作、嗓音表达、语言描绘、绘画表现等；表现得也更细致、完美，更具艺术情趣。

（四）审美注意力的发展

心理学研究表明，儿童的认知活动由不随意性、不自觉性向随意性、自觉性发展，认识水平从具体形象为主要形式向抽象概括过渡。一般而言，让儿童较长时间积极、主动地沉浸于音乐欣赏与探究活动是比较困难的。据调查统计表明，儿童能集中注意聆听陌生音乐约 5 分钟时间。

因此，儿童音乐欣赏活动有时可以组织为一种与成人高雅的欣赏活动类似的审美性的欣赏活动，但更多的时候适宜组织为类似"听、赏游戏"活动，体现游戏式的欣赏与全身心的享受。儿童在与音乐的互动与游戏中获得对音乐的理解、想象以及对音乐表现手段的认识。

（五）审美心理能力的发展

一般而言，人的审美心理过程常常需要经历审美的三个阶段。

第一阶段是准备阶段。它包括审美注意与审美期待，这两种心理活动构成了审美定向系统，促使审美主体采取特别的心理定势，为即将展开的审美感兴做好准备。

第二阶段是升华阶段。它包含有审美知觉、审美想象、审美领悟、审美情感等多种相互关联、相互渗透的心理活动，这一心理过程是审美的高潮阶段。

第三阶段是延续阶段。主要含有审美回味这一心理活动，有时也会出现审美反思活动；在审美回味的过程中逐渐形成一种审美心境，持续一段时间。

作为对人的审美心理活动的研究，审美感兴过程同样适合于儿童，尤其是"审美活动始于审美注意"的特点，在儿童的身上体现得更为显著。

第一，3 岁左右的儿童可能发生最初始的审美心理活动，该时期是儿童审美心理发生的敏感期。其标志是对美好事物特征产生审美感兴、审美体验，并有初步的审美偏好和选择美好事物的审美标准。这是儿童最初审美心理结构的雏形，此阶段可称为"前审美阶段"。该阶段的大部分儿童喜欢具有典型形式美的艺术作品，如优美动听的歌曲、欢快活泼的舞蹈、色彩鲜艳的图画和令人愉悦的儿歌故事等；愿意学习唱歌、舞蹈，喜欢模仿艺术作品的语言、动作、表情等，从中获得快乐与美感。

第二，整个学前期，儿童的审美能力在迅速地发展，有了初步的审美偏好与审美评价活动，也有了模糊的审美标准。此阶段可称为"审美心理萌芽阶段"。在获得审美体验的同时，儿童开始有了审美偏好。一般，女孩比较偏爱优美的舞蹈与音乐，喜欢参加艺术表演活动；男孩大多数喜欢荒诞夸张的音乐与故事、快速的音乐以及激烈的动作等音乐艺术活动。

在审美评价方面，5岁以上的儿童基本能采用一般的审美标准或凭借审美直觉评价同伴与自己歌舞的优劣等。在学前阶段，儿童还未能掌握艺术性的审美标准，更难以按照艺术标准去评价自己与他人的艺术行为与表演。

三、学前儿童欣赏教育活动的课时安排

一般而言，幼儿园欣赏教学需要两个课时。第一课时用于内容与音乐特征的感受，然后进入模仿性表现；第二课时使儿童的身体动作表演达到自如流畅的程度，并进入创造性表现。每一课时的具体任务如下。

第一课时，欣赏活动的明线是教师带领儿童理解音乐作品的内容。欣赏活动的暗线是教师做与音乐作品相关的各种转换方式的呈现活动，儿童主要通过观察、模仿学习，感知音乐作品的身体动作表达方式，并在教师预令的提示下，能用身体动作把音乐的框架结构与风格表达出来。

第二课时，继续完善身体动作对音乐作品中音乐特征的表达。首先，在没有教师预令的前提下，能独立、自如地进行音乐作品的身体动作表演，表演行为具有一定的专注品质；其次，能对音乐作品做出创造性的一些表达。

欣赏教学两课时时间安排的理由是对音乐本质的不同理解会导致对欣赏音乐内涵的不同理解。传统音乐观认为"音乐是听觉艺术"，即音乐的本质是欣赏。在此观点引领下，音乐欣赏的表达方式是静听与语言描述，认为能用语言把音乐的情绪特征表达出来，就完成了对音乐作品的欣赏。传统音乐

教学的事实证明：对音乐作品进行静听后的语言描述并不能真正提高学生的音乐能力。我们描述的找参照物、玩参照物的幼儿园音乐教学法，其采用的音乐本质观是"音乐即表演艺术"。在此观点引领下，认为音乐欣赏的表达方式是包括身体动作表演在内的各种表演。对音乐作品的感知阶段是表演的模仿学习阶段，对音乐作品的理解阶段是表演的自如表现阶段。音乐能力的形成集中体现在对音乐作品的自如表演上，所以，对音乐作品的欣赏不能只是停留在对音乐作品的身体动作模仿阶段，关键是走向身体动作的自如表演与创造性表演。只有自如表演或创造性表演才说明儿童对音乐作品达到理解程度，而只有理解的东西才能转换成能力。

我国幼儿园的传统音乐欣赏教学，往往强调静听与语言解说，这种教学方式对理解音乐是低效的。目前，有些儿童教师已经有意或无意地采用了学前儿童化转换的教学方法，但总体而言，欣赏教学的进程还是进行得太快。往往一个课时就完成一个音乐作品的欣赏，儿童刚感受到了一些音乐元素的表现性，由于没有第二课时的巩固与强化，这些感受很快成为过眼烟云，永远不能沉淀为音乐理解。这种用一个课时完成一个音乐作品的欣赏教学是一种音乐资源、时间资源的严重浪费。在这里，我们要求一个音乐作品使用两个课时，欣赏教学可以结束的指标是大多数儿童达到身体动作自如表演的水平。

四、安排学前儿童欣赏教育活动的一般步骤

由于每一作品的转换手段不同，因此会带来不同作品之间在教学上的差异。但与歌唱教学一样，欣赏教学同样遵循艺术感受与表现这一艺术心理过程。

（一）第一课时的一般教学步骤

1. 音乐内容感受

教师通过故事、情境设置、图片视频等媒介向儿童展现将要进行的音乐表演活动的脚本。

2. 音乐内容的动作化

启发儿童用自己的身体动作把故事或情境中的角色行为表达出来，教师

需要根据音乐元素特征选择与修改儿童的动作。

3. 音乐特征感受

这一环节的教学明线是教师带领儿童扮演故事或情境中的角色。这种教学有时会达到社会性目标，如体现角色的社会性功能、合作沟通的特征；有时会达到情感性目标，如体现角色的喜、怒、哀、乐等。这一环节的教学暗线是教师带领儿童符合音乐作品元素特性地进行身体动作表演。

4. 身体动作表现

在教师语言指令、示范动作的帮助下，能进行完整的具有音乐指向性的身体动作表演。

（二）第二课时的一般教学步骤

（1）巩固儿童的身体动作表演，关注儿童身体动作表演的拍感、句感、段感。

（2）分角色表演。开始由教师统一分组、分角色，最后由儿童自愿扮演角色。

（3）提供小组、个别的表演机会，尽可能呈现真实的舞台表演情境或气氛。

（4）有可能的话，重找参照物，让儿童进行创造性表演。

（三）欣赏教育活动方案的制订

幼儿园音乐教育活动方案一般都包括活动目标、准备与过程三个部分，欣赏活动也不例外。活动目标往往由感受与表现两个部分构成。感受部分写清楚需要儿童感受到的乐曲的内容是什么？乐曲特有的音乐元素特征是什么？感受部分可以把内容与音乐感受合在一起写一条目标，也可以分开写成两条目标，视具体乐曲而定。表现部分写明身体动作表现的具体方式，如不同段落用不同风格的身体动作合拍表演等。准备部分包括经验准备与物质准备两部分。经验准备指儿童生活常识、知识等的铺垫。物质准备主要指媒介、教具、学具的准备。过程部分实际上是按照内容感受、音乐感受与动作表现、即兴表演几个环节进行的。由于每首乐曲的侧重环节有别，导致不同的乐曲在教学环节或步骤在文本呈现上会有差别。

五、学前儿童欣赏教育活动案例——《农夫与禾苗》

此曲原名为《瑞典狂想曲》，由瑞典作曲家雨果·阿尔芬作曲，再由裴西·费斯改编浓缩而成。《农夫与禾苗》的音乐又把《瑞典狂想曲》A 段到 B 段的过渡句剪切掉，使每一段落的句子都达到完全规整，更符合儿童的欣赏品味。

（一）第一课时——农夫的扮演

1. 活动目标

（1）对行走移动动作能有合拍的意识。

（2）对浇水、松土两个不移动动作能自如地合拍。

（3）理解教师布置的观察任务，并带着任务意识去观察教师的示范。

2. 活动准备

（1）在音乐活动前几天的日常生活环节中，教师有意识地请儿童做合拍行走的动作，着重观察男孩子合拍行走的动作。

（2）在教室的一角用大型积木围出一个有门的围墙，表示农民的家。

（3）请另外两个教师表演禾苗，或者请大班的已学过此曲的两位儿童表演禾苗。

（4）《农夫与禾苗》的音响资料与播放设备。

3. 活动过程

（1）教师与儿童讨论农民伯伯到田地劳动时会做些什么？教师启发儿童把农民伯伯的各种劳动用自己的动作表达出来。

（2）教师与另外两个教师或两个儿童完整地表演《农夫与禾苗》的故事。请小朋友看看农民伯伯从哪里出发并到哪里去？（从家里出发到田地去劳动）禾苗开始的时候是怎样的，后来又怎样了？（开始埋在泥土里，后来长出来了）

（3）教师扮演农民角色，进行《农夫与禾苗》第一段的身体动作表演示范。（用上教室一角的道具）

①表演前布置儿童的观察任务。

教师："现在老师要再表演一下农民伯伯从家里出门到农田去干活的这

一段故事。这次，你们边看老师表演边要完成一个任务，也就是看出在这个
故事中农民伯伯做了一些什么动作？当回答老师问题时不用嘴巴说，而要用
动作做出来。"

②给出任务后，再次确认儿童对教师布置的任务的理解程度。

教师："老师刚才给你们的任务是什么？"（在这个故事中农民伯伯做了
一些什么动作）

教师："当小朋友回答问题时，老师要求小朋友是用嘴说呢，还是用动
作表演？"（动作表演）

③教师用身体动作表演《农民与禾苗》中第一段农民伯伯的动作。

（4）落实第一环节的观察任务，具体动作的学习穿插其中。

①教师："农民伯伯做了哪些动作？记住用身体动作回答。"

②当一个儿童用身体动作回答后，请全体儿童跟着这个儿童做这一动作。
（农民伯伯所做的动作：扛锄头走路、浇水、松土）

③在儿童没记住全部动作的情况下，教师单独表演农民伯伯这一段，以
便让儿童找出遗忘的动作。

（5）全体儿童单独学习扛锄头行走的动作，教师鼓励听音乐合拍走的
儿童，并让他们作为榜样让其他儿童模仿。（不用道具）

（6）全体儿童单独学习 b 小段浇水、松土两个动作。

①教师哼唱旋律，请儿童做浇水与松土的动作。（中班儿童的松土动作
只是一个铲土动作，去掉翻土动作与变换方向）

②教师把第一大段的 b 小段单独再次示范，请儿童观察："农民伯伯浇
水、松土的劳动一共做了几次？"（两次）

③请儿童完整地表演 A 段 b 小段的动作。

（7）教师再次完整地示范第一大段的所有动作。（用上教室一角的道具）

①教师："现在老师把农民伯伯的故事再完整地表演一次，这次你们的
任务是看看农民伯伯出门时走的时间与劳动结束后走回家的时间是一样多还
是不一样多？"

②教师完整地示范。

③教师落实观察任务。

教师："农民伯伯出门时走的时间与劳动结束后走回家的时间是一样多
还是不一样多？"（不一样多，出门时同样的音乐是两遍，回家时才一遍）

如果儿童回答不出来，教师提醒是出门的音乐长，还是回家的音乐长，为什么长了？

（8）请儿童完整地表演第一大段的动作。

①教师喊好所有段落前的预令。

②教师观察儿童扛锄头行走的合拍状态。

4. 活动延伸

在下次音乐活动之前的一周时间内，利用日常生活活动时间，对第一段的动作进行复习，特别需要练习扛锄头行走的动作，尽量做到每一个儿童都能意识到行走是需要合拍的这一要求。

（二）第二课时——禾苗的扮演与完整表演

1. 活动目标

（1）继续保持行走合拍意识，形成小跑步合拍意识。

（2）对破土生长、伸懒腰、晒太阳三个不移动动作能自如地合拍。

（3）理解教师布置的观察任务，并带着任务意识去观察教师的示范。

2. 活动准备

（1）教室一角布置农夫家的道具。

（2）请另外两个教师表演禾苗，或者请大班的已学过此曲的两位儿童表演禾苗。

（3）《农夫与禾苗》的音响资料与播放设备。

3. 活动过程

（1）听着第一大段 a 小段音乐，儿童表演农民伯伯扛农具动作并走进教室。

（2）请儿童在原地完整地表演农夫的动作。

①教师："上次课我们小朋友学了《农夫与禾苗》中农夫的动作，现在请小朋友把农夫的动作表演一下。"

②儿童完整地表演。

（3）另外两位教师或大班儿童示范表演第二大段禾苗的动作。

①教师："你们已经学会了农夫的动作，那你们想不想学一学禾苗的动作？"

②表演前布置儿童的观察任务。

教师："现在请两位教师或两位同学给我们表演禾苗的动作，你们的任务是看清楚禾苗做了一些什么动作？回答时不用嘴巴而用动作。"

确认儿童清楚任务。

③完整地示范禾苗的动作。

（4）落实布置的观察任务，具体动作的学习穿插其中。

①教师："禾苗做了哪些动作？记住用身体动作回答。"

②当一个儿童用身体动作回答后，请全体儿童跟着这个儿童做这一动作。

（禾苗所做的动作：破土成长、伸懒腰、晒太阳、转圈、拍手、破土后静止不动）

③在儿童没记住全部动作的情况下，再请两位表演者表演禾苗这一段，以便让儿童找出遗忘的动作。

（5）在教师带领下，儿童学习禾苗的动作。教师专门解决找朋友的环节。

①教师着重观察儿童成对在做双手拉手、小跑步、转圈时的合拍状态，提醒合着音乐转圈才是禾苗们做的动作。如果儿童做这个动作有困难，可以在这个动作上停留一些时间。

②教师引导儿童发现禾苗所做的动作的重复状态，如破土、伸懒腰、晒太阳的一组动作是否重复，禾苗小伙伴玩的动作是否重复。

③儿童完整地表演禾苗的动作。

（6）分两组，完整地表演。

①在每一段的开始，教师的预令准确、到位。

②教师带着农民组表演。

③禾苗组的表演，继续由两位教师或大班儿童带着。

（7）分角色、分组表演。

①一半儿童做农民，一半儿童做禾苗，完整地表演。儿童表演时，教师在段落的起、衔接处即时给出预令。如果出现儿童衔接不好或者混乱无序的状况，再表演一次。

②角色轮换，完整地表演一次。

（8）请儿童自愿申请角色，愿意做农夫的做农夫，愿意做禾苗的做禾苗，不受人数限制，完整地表演。

①教师做到预令准确、到位。

②教师提醒扮演禾苗的儿童事先找好朋友。

③教师提醒扮演农夫的儿童在音乐的第一段与第三段时的情绪变化。

（9）教师撤离预令，请儿童独立地表演一次。

第五节　学前音乐教育的设计指导实践

所谓教育设计是指依据一定的教育目标，选择一定的教育内容和方式，对儿童施加教育影响的方案。

一、学前音乐教育的设计

（一）学前儿童音乐教育设计的原则

学前儿童音乐教育设计的原则是指音乐教育活动应遵循的基本准则。

1. 发展性原则

发展性原则是指教师要在充分了解和掌握儿童运来发展水平的基础上设计儿童音乐教育活动，着眼于促进儿童的全面发展。在贯彻发展性原则过程中，首先是音乐教育内容要符合儿童的发展水平，能够把儿童原有基础与发展目标有机结合在一起综合考虑。总的来说，是儿童的发展阶段决定了音乐教育目标的制订、活动方法的选择、活动内容的选择与设计。

儿童的学习与儿童的发展相一致；教材的结构和顺序要适应儿童发展的先后次序，通过小步递进的形式真正推进每个儿童在原有的基础和水平上获得发展。其次，贯彻发展性原则时还必须坚持以促进儿童的发展为教育活动的出发点和落脚点。最后，贯彻发展性原则还表现在音乐教育应是促进儿童全面的发展，既包括音乐素质和能力，也包括非音乐素质和能力，是指在身体、认知，情感、个性和社会性等方面的整体、和谐、全面的发展。

2. 互动性原则

互动性原则是指在音乐教育的设计中采用合理而恰当的师幼互动的方式，以真正体现"教师是主导，儿童是主体"的教育原则。

在设计音乐教育活动时，教师必须考虑和处理好教师的主导作用与儿童的主体活动间的比例关系。作为教师要善于把握、调节好儿童与教师之间关系的尺度，注意教师"参与"和"指导"的适度性，根据活动的形式，要求以及儿童的需要，灵活随机地增加或减少。

3. 整合性原则

整合性原则是指在设计音乐教育中将不同领域的音乐内容、各种不同的音乐学习方法等作为一个互为联系、不可分割的完整体系来看待。在设计音乐教育活动中，遵循整合性原则主要表现在以下三个方面。

（1）音乐教育活动内容的整合。一方面是指把唱歌、韵律活动、音乐欣赏、音乐游戏、打击乐演奏等以一定的合理方式加以有机整合；另一方面是指把各种不同教育领域的内容通过一个有主题的音乐教育加以适当的整合。如音乐欣赏《龟兔赛跑》，就可以将音乐教育、语言活动、美术活动和体育活动等内容有机地结合起来。

（2）音乐教育活动形式的整合。既包括将专门的音乐教育活动与渗透的音乐教育活动形式相互整合，也包括将儿童集体的活动与个别活动、相互合作活动等形式的整合。

（3）音乐教育活动过程的整合。一方面是指在每一个具体的音乐教育设计中将认知、情感、行为、能力等的培养结合、统一在活动过程中；另一方面是指将欣赏、表演、创作等不同的音乐教育表现形式结合，统一在一个音乐教育的过程中。

4. 差异性原则

差异性原则是指在音乐教育活动的设计中既要满足全体儿童的一般发展需要，又要考虑到儿童的个体差异，以满足个别儿童的特殊发展需要。遵循差异性原则主要体现在以下两个方面：一是了解每个儿童的兴趣，能力和原有发展水平；二是为不同发展水平的儿童提供不同的活动安排，设计不同的活动要求。

（二）学前音乐教育的设计内容

学前音乐教育活动的设计内容包括教育目标的设计、教育结构的设计、教育方法的设计、活动时间和空间的设计，以及音乐教育材料的设计。它们按照一定的流程安排在教学当中，缺一不可。

1. 学前音乐教育目标的设计

（1）学前音乐教育目标的层次。音乐教育目标一般可以分解为：总目

标、分类目标、年龄阶段目标、单元目标和具体教育活动目标。

①总目标。幼儿园里音乐教育总的任务和要求叫音乐教育总目标。通过歌唱活动、器乐演奏、韵律活动、欣赏活动、音乐游戏等不同的活动形式，感受周围环境和音乐的美，以及通过参加各项活动形成的人际交往，表达、沟通、协调的培养，健全儿童的人格。它体现了"幼儿园工作规程"中关于美育的精神，即"培养儿童初步的感受美和表现美的情趣和能力"，它是幼儿园音乐教育活动目标最概括的表述。

②分类目标。从歌唱活动、器乐演奏、韵律活动、欣赏活动、音乐游戏这五个不同内容进行描述的目标为分类目标。每一种内容的的目标都是从三方面进行具体要求的，包含认知目标、技能目标、情感态度与价值观目标。认知目标主要是对相关理论知识掌握和认识的发展要求，技能目标主要是对通过身体肌肉控制和运动进行认识和表达的能力的发展要求，情感态度与价值观对情感体验、表达能力、对活动的兴趣等方面的发展要求。这样的分类表述有利于教师明确音乐教育活动设计、组织必须要促进儿童的整体全面协调发展。

③年龄阶段目标。对儿童音乐教育分类目标在儿童各年龄段具体的分解和落实要求体现年龄阶段目标。分别以小班、中班、大班的歌唱、器乐演奏、韵律活动、欣赏活动和音乐游戏这样的学科逻辑顺序进行描述。这样有利于教师掌握儿童的年龄特点，并根据其特点选择具体的内容、教育活动材料、模式以及组织教学方式方法。

学前音乐教育的年龄阶段目标为：

a. 小班

能用正确的姿势、自然的声音一句一句地歌唱，初步理解和表现歌曲的形象、内容和情感。在教师的帮助下，能够并且喜欢为自己熟悉的短小、工整、多重复的简单歌曲增编新的歌词。

基本上能按照音乐的节奏做上肢或下肢的简单动作和模仿动作，学会一些简单的集体舞，初步体验用表情、动作、姿态与他人沟通的方法和乐趣。

学会几种打击乐器的基本奏法，能独立伴随熟悉的歌曲或乐曲有节奏地演奏，初步学会看指挥开始和结束演奏。

能感受性质鲜明单纯、结构短小的歌曲和有标题的器乐曲的形象、内容、情感，并能在感受过程中产生较积极的外部反应，初步了解进行曲、摇篮曲、舞曲和劳动音乐的特点。

b. 中班

能用不同的速度、力度、音色变化来表现歌曲的形象、内容和情感；能唱出 2/4 拍和 3/4 拍歌曲的不同节拍感觉，而且要学会在歌唱过程中等待和正确地表现出歌曲的前奏、间奏和尾奏；初步学会独立地接唱和与他人对唱。

能够按音乐的节奏做简单的上下肢联合的基本动作、模仿动作和舞蹈动作，且随音乐的改变而改变动作的力度、速度等，学会一些创造性地改变熟悉节奏型的方法，初步了解一些创编韵律动作组合的规律。

能独立使用某一种固定节奏，随熟悉的歌曲或乐曲演奏，能在集体演奏中始终保持自己的演奏速度和节奏，养成集中注意力看指挥和对指挥的要求做出积极反应的习惯。

在有对比的情况下，能分辨差别较明显的乐曲的高低、快慢、强弱特征，能正确区分 2/4 拍和 3/4 拍的音乐，初步掌握前奏、间奏、尾奏、乐段、乐句的开始和结束，初步知道什么是音乐结构中的重复。同时，能在一定时间内注意力比较集中地倾听、欣赏音乐、舞蹈作品。

c. 大班

能够根据不同的合作歌唱要求控制、调节自己的歌声，初步学会领唱、齐唱、两声部轮唱、简单的两声部合唱等歌唱表演形式。在集体歌唱活动中，能够产生初步的默契感，初步学会用连贯的和顿、跳的唱法来表现歌曲的不同意境，学会唱弱拍起唱的歌曲。

能够比较准确地按音乐节奏做各种稍复杂的基本动作、模仿动作和舞蹈动作组合。进一步丰富舞蹈动作语汇，了解创编韵律动作组合的规律，学会跳一些含有创造性成分的稍复杂的集体舞。能够使用已掌握的空间知识创造性进行动作表演，并喜欢为不同的韵律活动选择不同的道具。

进一步学习更多种类的打击乐器的基本奏法，学习探索音色的分类，并在教师指导下学习制作简单的打击乐器，初步体会各种演奏方案中音色、音量和节奏型配置的表现规律。在集体演奏活动中，能按指挥的手势迅速、正确地做出反应。

能对歌曲、乐曲的音区、速度、力度、节拍等的性质和变化做出直接判断，进一步掌握音乐的结构，能分辨乐段、乐句中明显的重复和变化关系。能使用不同艺术手段来表达欣赏音乐和舞蹈作品的感受，能比较自觉地从音

乐、舞蹈欣赏中获取各种艺术和非艺术的经验。

④单元目标。单元目标包括以时间为单元的目标（一般为一周或一个月内所要达到的目标）及以主题为单元的目标（一组有关联的活动全部结束后所要达到的目标）。

学前音乐教育的单元目标为：以时间为单元的音乐教育目标和以主题活动为单元的音乐教育目标

例如：某幼儿园中班的主题活动为《我的一家》。其音乐教育目标为：

（1）学习歌唱活动《我的好妈妈》，感受歌曲舒展优美的旋律，能够有感情地演唱歌曲，学会用各种方式表达对妈妈的感谢。

（2）学习韵律活动《袋鼠妈妈》，表演袋鼠宝宝和袋鼠妈妈相亲相爱的故事，体验到妈妈爱宝宝，宝宝爱妈妈的心情，体验合作表演的乐趣。

（3）学习音乐欣赏活动《如果你爱我就抱抱我》，初步感知说唱风格的表现形式，体验欢快的节奏和说唱的歌词。鼓励儿童自由地跟随节奏进行创编，在音乐欣赏和表演中让孩子感悟人与人之间的浓浓亲情。

（4）学习打击乐演奏活动《吉祥三宝》，感受歌曲里一家三口唱歌的快乐，能随音乐用不同的肢体动作表现节奏，能初步分析歌曲 AB 结构，能跟随音乐熟练掌握节奏型，享受用乐器为歌曲伴奏的乐趣，体验与同伴合作演奏的快乐和成功。

⑤具体教育活动目标。具体的音乐教育目标是单元目标的具体化，总目标、年龄阶段目标和具体教育活动目标要保持一致，最终必须是具有可操作性的。

从以上内容我们可以看出，幼儿园的音乐教育目标是层层具体化，逐渐落实到每一次的教育活动中。因此，教师在实施音乐教育活动的过程中，在以教育总目标基础的框架下，努力从低层次目标的实现达到高层次目标的实现，真是实现儿童的全面发展。

（2）音乐教育目标的设计体现。活动目标的设计是整个音乐教育活动设计最为关键的一步，是教师根据音乐教育的总目标并且结合儿童的年龄特点和具体活动内容而进行的设计。一般在活动目标的设计中要注意以下几个问题。

①发展性。活动目标既要适应儿童已有的实际发展水平，也要能促进儿童得到新的发展。同时，设计目标的发展性还要充分考虑到儿童是否可以通

过努力掌握新的学习内容，是否可以收获努力后期待的经验，其中发展性不仅要体现在音乐能力的发展目标上，也要体现在情感、态度与社会性发展的目标上。

②系统性。设计音乐教育活动的目标是从三个方面体现的，认知目标、技能目标、情感态度与价值观目标。认知目标主要是对相关理论知识掌握和认识的发展要求，技能目标主要是对通过身体肌肉控制和运动进行认识和表达的能力的发展要求，情感态度与价值观对情感体验、表达能力、对活动的兴趣等方面的发展要求。这样的分类表述有利于教师明确音乐教育活动设计、组织必须要促进儿童的整体全面协调发展。

③行为性。目标活动设计的行为性是指在目标的设计中尽量使用行为目标，即可观察到或者测量到的可由具体行为来评估的目标。教师在使用行为性目标的时候要注意：要根据系统性完整体现出认知、情感与态度和操作技能三个方面的目标；避免空泛而笼统的目标，应该是具体可见、可落实的目标；目标表述的行为还要注意尽量反映出该行为发生的附加条件或表明行为水平的限定语。

④系列性。目标的系列性是指把目标作为一个整体有序的系列性结构看待，使每一个活动的目标在大方向上与其上一级目标一致，每一个目标的实现都意味着向阶段目标和终极目标靠近了一步。所以在目标的设计中，要根据儿童的年龄发展水平，循序渐进地提出系列性目标。

目标的系列性体现在两点：把同一种能力上的目标要求循序渐进地安排在一个或者多个活动设计中；同一材料在活动目标和要求上体现循序渐进。

2. 结构的设计

结构的设计是整个音乐教育设计的核心，是为实现教育目标而对活动内容的具体展开和教育方式、方法的具体运用。学前儿童音乐教育的程序一般有两种组织结构。

（1）三段式结构。三段式结构是一种比较传统的音乐活动组织结构，即把音乐活动明确分为开始、基本和结束三个部分，开始部分和结束部分通常是以复习为主。开始部分一般的程序和内容是：律动进活动室→练声→复习歌曲或者律动；结束部分一般的程序和内容是：复习打击乐、音乐游戏或者歌舞表演→律动出活动室。

在开始部分，可以复习已经学过的歌曲、律动、舞蹈以及演奏已经学会

的打击乐曲。通常用音乐伴随儿童进入活动室，或用热情活泼的音乐伴随儿童精神抖擞地走步，或用律动曲和舞曲做律动和舞步并愉快活泼地进入活动室，如小鸟飞、小鸭走、小碎步、小跑步等，还可以做一些律动练习、发声练习或听音练习，这样既让儿童做了练习，又调动了儿童学习的积极性，集中了注意力。

基本部分是音乐活动的主体部分，通常安排学习尚未接触过的新作品和新技能。基本部分与开始部分是互相衔接的，借助开始部分来引出新作品，教师要借助多种方式来吸引儿童对新作品的关注。在这一环节，教师可以示范新技能，可以播放视频、演唱歌曲、展示舞蹈动作或律动等给儿童提供模仿的对象，然后让儿童在模仿的基础上进行练习，在重复中有变化，不断强化儿童对新作品、新技能的掌握。教学要注意由浅入深、循序渐进、动静交替地进行，让儿童在不断增加的新鲜感中投入学习，基本掌握新作品、新技能，实现教育目标，这是基本部分的主要任务。

结束部分中，常见的是进行一个音乐游戏、歌表演或复习韵律活动和打击乐演奏，最后律动出教室。活动一般要在兴致勃勃、井然有序、自然有趣的气氛中结束，还可以和开始部分进行呼应，给人浑然一体的感觉。

活动的基本部分是完成教育要求和任务的主要部分，通常会安排学习新作品或者新技能，一般安排 2~3 项唱歌、跳舞、欣赏音乐之类的音乐活动内容。

（2）单段式结构。单段式结构是指围绕基本部分中新授的活动内容来安排，通常是以与新活动内容有关的旧有知识经验导入引起儿童的兴趣，然后分层次递进到新作品的学习活动中，活动最后更重视的是儿童体验新活动所带来的愉快和舒适。这种活动结构的安排充分体现了围绕一个作品或者技能的各个环节、步骤和程序上的序列性，为儿童提供了迁移旧有经验的机会，是现在音乐活动中使用比较多的一种。

3. 设计的方法

在学前音乐教育中，设计的方法和运用也是很重要的。方法设计一般要遵循以下原则。

（1）根据活动的目标设计方法。方法是为目标服务的，是为实现活动目标而采取的具体形式和手段。在不同的音乐教育活动中，要依照不同的教育目标来设计与之相适应的方法。

（2）根据活动的内容确定方法。音乐教育活动的内容和材料是丰富多样的，因此在设计活动方法的时候必须根据具体的内容和材料来确定。可以对不同的内容选择相同的方法，也可以对相同的内容采取不同的方法。

（3）根据儿童的实际情况选择方法。儿童是音乐教育活动的主体，所以儿童的年龄、个性和学习能力等都是影响活动顺利进行的重要因素。因此，教师在设计活动方法的时候必须要考虑儿童的实际情况，针对不同儿童采取适合的方法。

4. 活动空间与时间的设计

（1）活动空间的设计。活动空间的设计和安排在集体性的音乐活动中非常重要。教师可以根据活动内容的要求，选择合理的队形、儿童轮流活动或者改变动作幅度，表现形式等方法，避免因空间狭小而造成的秩序混乱；教师也可以针对不同的活动领域和活动内容做出不同的考虑和设计，比如在歌唱活动中把音准、节奏能力稍差的儿童安排在钢琴旁边，在乐器演奏活动中让持相同音色或相似音乐乐器的儿童坐在一起等。

（2）活动时间的设计。对活动时间的设计和安排，教师可以灵活处理。教师可以根据不同的活动内容设计不同的活动时间，比如创编歌词的活动中，为避免儿童的疲劳和消极情绪，时间不宜安排过长；教师还可以根据儿童活动中的参与状态与行为表现等情况灵活安排活动时间，比如当发现儿童积极性下降时，应该及时结束活动或者转入新的活动。

5. 音乐教育材料的设计

音乐教育活动中的材料不仅包括音乐、动作、乐器等音乐材料，还包括教具、道具、图片、音像等辅助材料。

（1）音乐材料的设计。

①对音乐作品的选择和设计。教师在为儿童选择音乐作品的时候一定要根据儿童的具体实际水平，注意作品的难易程度，尽量选择题材多样、反映儿童生活、适合儿童情趣和接受能力的作品，这样才能激起儿童参与活动的兴趣和积极性；教师应该注意在音乐作品的选择和设计上结合儿童已有的经验和知识，让儿童可以利用经验进行迁移学习；在选择了音乐作品之后，教师还要对其进行恰当的处理，让儿童不会因为音乐节奏过快或者结构过于复杂而造成学习的困难。

②对动作的设计。教师应根据大多数儿童的一般发展水平合理地设计动

作的难度，既要保证儿童活动的兴趣，又要使儿童提高现有的动作能力；教师要灵活调整动作的力度和幅度，比如在新动作学习伊始可以采取小的动作的幅度；教师在引导儿童动作表现的时候要注意动作的随乐性，加强儿童动作与音乐的配合。

（2）辅助材料的设计。

①教具和学具的设计。教具和学具是为活动服务的，所以要考虑活动内容和进程是否需要，一定要避免为求形式而使用；设计教具和学具不用追求新奇有趣，因为有可能分散儿童的注意力，影响活动的顺利进行；学具最好能人手一份，且简单易操作；教具和学具的演示和操作最好随乐进行。

②道具的设计。对于年龄小的儿童活动可以多采取道具引起其兴趣和想象，对于年龄稍大的儿童可以减少道具的使用；对于注重表演的活动，为增强表演效果，教师应该尽量为儿童设计和准备一些必需的道具。

③可视材料的选择和设计。教师可以根据音乐的内容、性质，设计并采用与音乐相关的图片或者音像资料，把音乐表达的内容和情绪体现出来；图片、幻灯片、影音等资料都是教学辅助工具，所以必须要简单易操作，避免耽误和干扰儿童的活动或者学习。

二、音乐教育活动的指导

（一）音乐教育活动的指导原则

学前儿童音乐教育活动的设计和组织应遵循一定的教育原则：符合儿童身心发展规律的原则，促进儿童认知、情感、意志、社会性、个性等全面发展原则，面向全体儿童尊重个体差异的原则，充分利用幼儿园、家庭、社会教育资源的原则，教育活动游戏化原则等。此外，由于音乐是一门动态的、流动的、富有情感的艺术，在指导学前儿童音乐教育活动时，还应把握其独有的原则。

1. 强调音乐审美性和艺术性的原则

学前儿童音乐教育活动必须以儿童为本，从兴趣出发，选择适宜的音乐作品，充分发挥音乐作为声音艺术的基本特征，所选择的音乐作品应是经典的、儿童喜闻乐见的，引导儿童学习运用和创造美的声音、动作、舞蹈、乐器演奏来表达情感，音乐活动应营造一种美的氛围；注重儿童对美的感受和美的体验。

2. 注重动静交替的原则

音乐活动必然会有较多的实践环节，在歌唱、韵律、舞蹈、打击乐演奏中都会不断让儿童进行练习，鉴于儿童嗓音发展特点和动作发展特点，高强度的练习有时候会产生不良影响，教师应把握好动静交替的原则，既要有足够的练习让儿童熟练掌握音乐技能，也要注意适当保护儿童的嗓音和身体。

3. 注重感性为主的原则

音乐教育不是说理教育，而是儿童必须亲自参与的活动，儿童通过亲身体验，在轻松愉快的情绪中没有困难和压力自然获得音乐技能、掌握音乐知识。在教育行为上应将歌唱、语言、动作和音乐融为一体，在教师的指导下，由儿童亲自参与，自行设计，即兴地进行表现，这种表现是感性的、发自内心的，是儿童的一种本能的体验，应避免给儿童灌输概念性的、抽象的乐理知识和生硬的舞蹈动作。

（二）音乐教育活动的指导方法

教师在音乐教育活动中可以采用多种方法指导儿童学习，一般有语言指导、示范演示、指导练习、欣赏体验等方法。教师可以根据活动内容、儿童年龄特点等灵活选择。

1. 语言指导法

讲授主要是教师向儿童讲述和解释音乐活动中的知识、故事、歌词等。提问是幼园教师经常用到的教育方法，在提问时，尽量避免出现"是不是""对不对""好不好""要不要"等封闭式问题，这些问题儿童不用思考就可以回答，无法起到启发和引导作用而应该多提一些"是什么"，"为什么"，"像什么"，"有什么感觉"等开放性问题，可以起儿童思考，当发现儿童有困难时，可以要求儿童回答一些选择性问题。提问力求准确难度适宜，能很好地激发儿童思考，对于年龄较小的儿童一次不要提几个问题。对于教师和儿童之间、儿童和儿童之间的交流、沟通，教师应通过对话及时反馈儿童所提出的问题和想法。

2. 示范演示法

在组织音乐教育活动的过程中，示范演示法是指教师现场演唱、演奏乐

器、舞蹈或通过多媒体播放歌唱音频、弹奏乐器视频、舞蹈视频等方式，直观的向儿童提供示范，让儿童学习和模仿。教师的亲自示范和提供的演示材料应该准确、清晰和多样化。例如，让儿童表演"花开"的动作，教师可以自己表演，也可以播放视频，要尽可能拓展儿童关于"花开"的知识，以便丰富他们心中的表象，从而创编出更多"花开"的动作。

3. 指导练习法

指导练习法就是儿童在教师的指导下，进行各种形式的歌唱、舞蹈、律动等实践活动，从而熟练掌握音乐技能技巧的方法。练习法可以分为个体练习、小组练习、集体练习等，在练习时要注意多样化。例如，让儿童练习演奏打击乐曲《木瓜恰恰恰》，首先可以让每个儿童练习乐器的掌握和演奏方式，然后小组分声部练习，再合奏练习，也可以通过游戏、竞赛等方式引发儿童练习的兴趣，积极鼓励儿童富有个性和创造性地练习与探索。

4. 欣赏体验法

欣赏体验法就是在音乐活动中，让儿童通过对经典歌曲、器乐曲、戏剧等音乐作品的欣赏，获得美的感受和体验。在欣赏音乐作品过程中，教师可以让儿童有机会用歌唱、跳舞、奏乐、倾听和朗诵文学作品、观赏或创作美术作品等活动方式参与到音乐进行的过程中去。例如，儿童欣赏二胡名曲《赛马》时，可以出现徐悲鸿的《奔马》图，既有欢快、热烈的音乐也有具体、真实的图片，可以让儿童更好地体验和表现出音乐的激昂和奔放。

三、音乐教育实践案例

(一)《绿色、白色和黑色》

1. 活动目标

(1) 进一步感受乐曲 ABA 的结构，学习感受乐曲 A 段音乐静悄悄进行的性质和 B 段音乐向上、向外扩张的紧张感及 A 段悄悄的隐没的性质。

(2) 探索用动作和表情自由表现老狼的焦急、疲劳和失望。

(3) 学习在有趣的游戏中按情境克制自己的情绪和行为，按音乐的要求进行、停止、入座位，进行时保持隐蔽的姿态和适当的脚间距离。不发出声响，不碰撞椅子。

2. 活动准备

（1）节奏图动画软件。

（2）故事《小白兔与狼》的动画软件。

（3）狼的头饰两只。

3. 活动过程

（1）开始部分。

①随音乐进场。

②复习歌曲《拉拉勾》《表情歌》。

（2）基本部分

①欣赏整段音乐，感受音乐节奏。

教师："现在，教师和小朋友们一起来听一段音乐，仔细地听听这段音乐，你听了以后有什么感觉？"（儿童发表不同意见，然后教师小结。）

感受音乐的节奏，出示节奏图，随音乐拍打节奏。

教师："这幅节奏图上有些什么颜色？"（白色、绿色、黑色）

这三种颜色表示什么呢？教师听音乐轻声讲一遍故事。

"白色的逗号音乐表现的是谁？"（小白兔）

"黑色的句号音乐表现的又是谁？"（老狼）

这段音乐的名字就叫：绿色、白色和黑色。

②结合故事《小白兔与狼》的情节分段欣赏音乐。

让我们一起来听一听第一段音乐，听完后提问："听了之后有什么感觉？"

小结：这段音乐很快、很跳跃，说的是小白兔采蘑菇和草莓，可黑色的老狼又在绿色的草丛里等着，小兔子该怎样去采蘑菇、草莓呢？

个别小朋友随着音乐表演（提醒儿童将静悄悄行进的神情表现出来）。

听第一段音乐集体表演。

下面，我们一起来静静地听第二段音乐。

听后提问："听了第二段音乐，你感觉怎样？"（沉重）

小结：这段音乐说的是黑色的老狼在绿色的草地上等着白色的小兔，它左等右等就是不见小白兔，黑色的老狼会怎样呢？（发挥儿童想象）

听第二段音乐集体表演。

③再让我们一起来听一听最后一段音乐。

最后一段音乐的旋律与前面哪一段音乐旋律一样？

最后一段与第三段的音乐旋律是一样的，第二段的音乐旋律是不一样的，这样的结构，音乐上称它是什么结构？（ABA 的音乐结构）

这段音乐说的是小白兔采到蘑菇和草莓回家的情景，那么小白兔是怎样回家的？（悄悄地、紧张地、快快地回家）

小结：这段音乐越来越轻，感觉是小白兔越来越远，最后回到了家，下面我们一起来学学小白兔回家的情景，注意：必须在音乐最后一拍时，才能坐到椅子上。

整体表演。

教师来扮演黑色老狼，儿童扮演小白兔玩游戏。然后，教师退出，请一个儿童扮演黑色的老狼，其他儿童扮演小白兔玩游戏。

（3）结束部分

音乐游戏：《全家乐》，根据儿童的情绪和需要决定游戏次数。

附故事：小白兔与狼

在一片绿色的森林里，长着许许多多的蘑菇和草莓，小白兔要走过草地和小桥，才能来到森林。可在绿色的草丛里，躲着一只黑色的老狼，它想吃小白兔。黑色的老狼在草丛左等右等，它等得太久太累了，还没发现小白兔。原来，小白兔想了一个主意来到了森林，采了蘑菇和草莓，然后小白兔又穿过森林，跑过草地，回到家。黑色的老狼什么也没有得到，气急败坏地回家了。

（二）《草原就是我的家》

1. 教材分析

"蓝蓝天空飞彩霞，骑上了我的小红马……"辽阔美丽的草原一望无际，多么令人神往。春天在儿童的眼中到处都是绿，那春天的草原呢？歌曲《草原就是我的家》旋律活泼欢快，极富动感，令人唱之欲舞，很适合大班第二学期儿童的表演。本活动将音乐与舞蹈、美术等艺术形式加以综合，以孩子的兴趣为出发点，培养了儿童的即兴创作能力及对音乐的感知能力，并通过儿童间的相互学习与交流，培养了他们合作学习的意识。本教材利用绿色草原特有的生命活力，让儿童了解春天的草原，加深儿童对少数民族的情意。

2. 活动目标

①通过对歌曲《草原就是我的家》的学习，指导儿童有表情地演唱

歌曲。

②根据歌曲欢快的节奏和优美的旋律，引导儿童创编富有蒙古族风味的动作，并进行即兴表演。

③通过对歌曲的学习，帮助儿童了解有关蒙古族的风土人情，加深儿童对少数民族的情谊。

3. 活动准备

（1）知识准备。

了解蒙古族的服饰特点以及人们的一些生活习俗，学习一些蒙古族舞蹈动作。

（2）物质准备。

蒙古风光图片、实物投影仪、电视机、录音机、磁带、草原背景图、歌曲图谱、小贴画、固体胶、水彩笔、红色绸带、双响筒、手串铃等打击乐器。

4. 活动过程

（1）情景导入，激发兴趣。

教师："小朋友，今天老师头上戴了红头巾像哪个少数民族?"

儿童："蒙古族人。"

教师："蒙古族人除了头上喜欢戴头巾，还穿什么样的衣服呢?"（出示图片，让儿童感知蒙古服饰色彩鲜艳。）

教师："你们知道蒙古族人生活在什么地方吗?"（大草原）"他们住在什么样的房子里呢?""蒙古包和我们的房子有什么不同?"（出示图片，简单介绍蒙古包：和我们小朋友住的房子不一样，蒙古包在草原上可以随意的移动，样子像伞等）。

教师："今天老师就带你们到大草原上去看一看！你们想去吗?"

儿童："想！"

教师："让我们骑上马儿，跟随着欢快的音乐一起出发吧！"（教师带领儿童听着《草原就是我的家》的背景音乐在教室内做骑马动作。）

（2）观看图片，体验民俗。

教师："美丽的大草原到了，请小朋友来欣赏几张图片，你能说说图片上的人们在做些什么运动吗?"（出示实物投影仪，放图片让儿童观赏。）

儿童："摔跤、射箭、赛马。"

教师："小朋友喜欢不喜欢摔跤、射箭、赛马的运动呢? 我们来模仿一下

这些运动！"（摔跤：请两名儿童上前模仿，其余儿童为他们喊加油；射箭：请1~2名儿童上前模仿，再让全体儿童一起模仿，嘴里发出箭射出去的声音；骑马：①鼓励儿童发出马奔跑的声音；②请两名男孩上前模仿；③请两名女孩上前模仿；④请男孩女孩各一名上前模仿赛马，突出马跑得快和慢。）

（3）聆听感受、学唱新歌。

教师范唱歌曲。

教师："草原上的人们不光骑马、摔跤、射箭等体育运动非常棒，他们的歌也唱得特别好听！今天我们就来学习一首好听的蒙古民歌《草原就是我的家》。"

教师出示歌曲图谱并范唱歌曲。

儿童用自己喜欢的方式去表现歌曲情绪（拍手、跺脚等），也可以跟着音乐伴奏轻唱一遍歌曲。

按节奏朗读歌词。

教师："小朋友喜欢这首歌吗？让我们先来朗读一下歌词吧！"师生共同朗读歌词。

儿童跟着钢琴轻声哼唱一遍歌曲。

找出歌曲难点并解决。

教师："小朋友，歌曲的第三乐句，我们在唱的时候可以把马的缰绳往上拎一拎，这样我们好听的歌声就可以传到很远很远的地方去了。"教师示范一遍，儿童跟着伴奏一遍。

教师："谁能当好小老师，帮助唱好这一句？"儿童 A 上来范唱第三乐句，让全体儿童跟唱。

儿童跟着伴奏完整演唱歌曲。

教师："小朋友真是能干，下面让我们跟着伴奏来完整地演唱一遍歌曲吧。"

（4）想象体验、创造表演。

教师："在刚才的练唱中，我觉得你们就是蒙古族的小牧民了。我为你们每人准备了一条漂亮的头带，我们把它戴起来，也来做一回草原的小主人，骑着马儿自由自在奔驰在辽阔的大草原上吧！"儿童分别戴上头带，边歌边舞《草原就是我的家》。

教师出示三个不同颜色的蒙古包。教师："这是什么？"教师："这三个不同颜色的蒙古包后面写着不同的要求，需要小朋友去完成。请你们每一组派一个代表上来抽取你们的蒙古包。"儿童分三组分别挑选一个蒙古包。

红色：请你们为歌曲《草原就是我的家》伴舞。

白色：请你们用打击乐器为歌曲《草原就是我的家》伴奏。

黄色：请你们演唱一遍《草原就是我的家》。

儿童分三组进行讨论创编，教师巡回指导。儿童分组进行展示活动。

活动延伸，装扮心中的草原。

教师："刚才我们认识了草原，还表演了草原上的蒙古人，你们喜欢不喜欢大草原"

儿童："喜欢。"

教师："那我们下次去采集一些美丽的树叶和花朵回来装扮我们心中的大草原。"

带领儿童离开活动室。

第四章

学前音乐教育的现代化方法

学前儿童年龄偏小，他们普遍活泼好动，对外界环境的认知主要是自己的主观意识，周围的大多数事物对他们来说都是新鲜的，所以他们对外界事物充满了好奇心和求知欲望。他们在学前阶段已经基本具备了形象思维能力和模仿能力。这时的儿童可以通过音乐活动可以发展音乐的天赋，挖掘他们内在的音乐潜能，并且能够促进发展儿童的综合能力，完善他们的人格。随着时代的变化，现代化的教育手段引入教学活动，在这样的背景下，学前儿童音乐教育活动也不例外，教师们要在素质教育的背景下改革创新教学模式，结合多种教学方法，运用多元的教学手段，充分发挥学前教育阶段音乐教育的启蒙和引导作用，帮助儿童全面综合的发展。

第一节　学前音乐教育与多媒体技术

随着现代科技的飞速发展，课堂教学越来越多的使用到多媒体来辅助教学。多媒体的辅助作用，使传统教学与多媒体教学有机结合，教师可以充分发挥自己的教育机智，及时调整教学内容，改变教学方法，以使学生乐学、善思，提高教学质量和效率，加强信息技术与其他学科的融合，从而提升教学效果，在音乐教学过程中运用多媒体技术，体现现代教学理念中的直观性、科学性理论联系实际的原则，这是新课程教学的显著特点之一。

一、多媒体技术的特征

多媒体技术能够创设教学情境，通过图文并茂、动静结合表现出来，调动学生的积极性，扩充教学内容，提高教学效果。打开音乐课堂教学的新局面。新时期科技时代音乐课堂教学运用多媒体技术已成必然。因此，多媒体技能具有如下特点。

（一）直观性

直观性是多媒体技能最本质的特征。夸美纽斯曾提出："先示实物，后教文字"，语言文字的描述相对抽象，而通过多媒体技术给学生展示出来的信息是通过学生的感官器官直接感受到，使学生更容易接受。

（二）多样性与集成性

多媒体技能主要的特征之一使信息载体的多样性和集成性。多样性是涉及多种感知媒体、传输媒体、表示媒体、存储媒体或呈现媒体间的相互作用，体现在信息采集、生成、传输、存储、处理和现实的过程中。集成性是媒体信息和媒体设备的集成，媒体信息包括声音、文字、图像、视频，媒体设备包括传输、存储和呈现。

（三）交互性与协同性

所谓交互就是通过各种媒体信息，使参与的各方都可以进行编辑、控制和传递。交互性向用户提供更加有效的控制和使用信息的手段、方法，同时为应用开辟了更加广阔的领域。每一种媒体都有其自身规律，各种媒体之间必须有机地配合才能协调一致。多种媒体之间的协调以及时间、空间和内容方面的协调是多媒体的关键技术之一。

（四）动态性

多媒体技术使用户可以按照自己的目的和认知特征重新组织信息，增加、删除或修改节点，重新建立链接。

（五）实时性

多媒体技术是一种集成技术，所以声音和活动图像媒体与时间密切相关，这就决定了多媒体技术必须要支持实时处理。例如，播放时不能出现声音和图像不同步，或者断断续续的现象。

（六）智能性

智能性包含两个方面的内容。一方面是指多媒体技术可以声、像具备地模拟整个演示过程和内容，让人们观看到现实生活中看不到、看不清的各种物理、化学变化或物体宏观、微观的运动过程，以促进人们对学习内容的理解和记忆；另一方面是指计算机可以模拟讲课、判卷和批改作业，并能提供智能化的运算、演示模式。

二、运用多媒体技能教育的意义

多媒体技术具有直观、形象的特点，它可以通过计算机把图、文、声、像各种信息一一展现在学生面前，为学生提供最好的教学环境。随着多媒体技术应用到教学领域越来越广泛，它一定会对教育、教学起到积极的促进作用。

（一）多媒体技能的交互性有利于激发学生的学习兴趣和对认知主体作用的发挥

计算机的一个显著特点是人机交互、立即反馈，这是任何媒体都做不到的。传统的教学是教师事先安排好教学内容、教学方法、教学步骤以及课堂、课后练习等，学生是被动的参与不是主动参与。但是在多媒体交互作用的环境下，学生是教学的主体，他们可以根据自己的实际情况和水平，选择自己感兴趣的内容，还可以选择适合自己的模式。只有让学生发挥出他们的主动性这才是真正的体现了学生的认知主体地位。

（二）多媒体技能的多样性有利于知识的获取与保持，实现最理想的学习环境

多媒体技能的出现推动音乐教育的发展，使音乐教学向信息化和多元化迈进，促使更新教育观念，使创造信息化社会文化的组成部分。现代的音乐课正在向更高层次的现代化课堂努力，而多媒体手段为音乐课堂提供了方向和方法，有利于推动素质教育的发展，培养实践性人才提供良好的环境。

（三）同步实现整体跨越

教学内容从传统模式向多元模式、交叉学科知识相容和的方向发展，借

助多媒体技术实现音乐制作、PPT 制作、动漫音乐制作等，结合这些视频随堂播放给学生，并进行讲解，通过音乐教学与高科技多媒体技术的结合来实现。同步获得现代教育理念与音乐学习观念的整体性跨越。

（四）不断催生创新意识

音乐教学实践活动中运用多媒体技术，促使教师更新教学观念，在逐步熟悉操作多媒体的过程中，同样不断的打破传统教学模式的束缚，在探索多元音乐教学和开发数字化资源的道路上不断用辩证的思维进行思考，创新音乐教育新理念、新方法。同时督促教师具备各项综合指标考核的要求。

三、多媒体技术在学前音乐教育中的应用措施

（一）应用多媒体技术完整展现音乐内容

音乐是一种特殊的交流方式，音乐教学是对这种特殊方式的解读，通过演奏乐器和歌唱的形式诠释音乐蕴含的情感。通过音乐教学，引导学生掌握音乐知识，充分发挥想象力和创造力，使音乐根据有感染力和生命力。教师通过多媒体技术创造更多生动的画面，通过视听感官刺激，激发学生的创造思维和音乐意识，逐渐在聆听的过程中融入音乐之中，创设出音乐情感。

（二）应用多媒体技术创新音乐教育目标模式

在多媒体技术不断融入音乐教育的过程中，音乐教育的目标体系逐渐分出层次和阶段。在实际教学总不仅要有教学目标，还应该重视学生的发展目标。但是往往学前阶段的整体教学目标与学校的整体发展是一致的，所以这种目标导向不利于体现因材施教，它不能满足各种不同类型的学生，因此，不利于激发学生的学习积极性和主动性。鉴于此，教师应不断的完善目标模式，指导学生根据课程内容制定学习目标，融入多媒体技术设定课程学习目标。使教学的过程更具体化，也体现因材施教，发挥出学习目标的导向和激励作用。

（三）应用多媒体技术创新课程与教材模式

应用多媒体技术可以建立起网络信息化的音乐教育资源库，网上资源可

以取代纸质教材，形成网络中心的新形式的课程和教材资源库。赋予音乐教学活动新时代鲜明的特征，网上资源库可以帮助教师丰富教学内容和形式，更有利于教师总结教学方法和经验，教师要学习运用多媒体技术，提高自己适应新形势下教学模式的能力。将这种多媒体技术下的新型教学手段和方法运用到音乐教学活动中。丰富教育内容，提高学生的学习能力。

四、多媒体运用技能的类型

根据多媒体课件体现教学内容时所采用的方法与策略不同，通常可将其分为以下几种类型。

（一）课堂演示型

课堂演示型课件可以辅助教师完成诸如创设情境、提出问题、解释概念、突出重点、剖析难点、引发课堂讨论等教学任务，其基本特点是利于实现控制和逐步呈现内容。

（二）自主学习型

自主学习型课件具有很强的交互性，能模拟和代替教师向学习者进行讲授、指导和帮助。个别指导型课件主要适用于自主学习、探究学习等个别化学习方式。

（三）协作学习型

协作学习型课件是在网络环境下，创设学习情景，提供协作学习工具，促进学生之间的交流和知识的形成，其重要环节包括布置学习任务、提供协作工具、评价学习成果等。

（四）模拟再现型

模拟再现型课件是模拟自然界与社会中的某些规律，产生各种与现实世界相类似的现象，供学生观察，帮助学生认识、理解或发现这些现象的本质，包括物理模拟、过程模拟、程序模拟和情景模拟等多种形式。

（五）测验评价型

测验评价型课件是通过对某知识点内容的练习和测验，帮助学生掌握知识、形成技能，进而评价学习者对知识的综合掌握情况。

（六）趣味游戏型

趣味游戏型课件是创设一种具有趣味性、挑战性和参与性的学习情境，使教学寓于游戏之中，游戏的目标、规则和竞争是趣味游戏型课件设计时考虑的核心要素。

（七）综合型

教学模式是指完成教学任务的一种方式，它包括教的模式和学的模式及有关的教学策略。真正的教学活动通常包含教师的讲授与演示，引导学生自主学习和思考，还可能需要及时对学生的学习状况进行检验等。因而，包含了上述多种类型的综合型课件更符合教学活动的实际。

五、多媒体技术在学前音乐教育中的实际运用

课堂教学中能否充分发挥多媒体的教学功能，关键在于教师能否适当选择多媒体，熟练地进行操作演示，有效指导观察与思考，准确及时核查效果。

（一）应用流程

1. 选择媒体

在选择媒体时掌握教学内容、了解学生情况、媒体特性和实际条件综合考虑，充分准备好教学媒体。如何选择好媒体的作用时机要根据教学内容来定。媒体的最佳作用点应在教学重、难点处。教学过程中可以运用媒体补充材料和示范，激发学生学习兴趣也是媒体作用的最佳时机。所以，媒体的运用要适中合理。从学生特点来看，主要根据学生的年龄和知识水平选用媒体。戴尔理论指出，各学龄段学生的学习都要兼有具体和抽象的经验，但其比重不同，可供不同学生段的学生选用媒体时参考。针对不同学生段的学生恰当兼顾具体与抽象的比重，才能使媒体的运用既成为直观教学的有力武器，又

成为抽象思维的有效工具。

从媒体特性来看，不同媒体的刺激渠道、表现时间、空间与运动的功能、适应环境的情况和功能代价比等特性各不相同，应根据教学的需要恰当选用不同媒体。一般应采用多种媒体组合使用，取长补短以获得较好的效果。

教师对媒体要酌情选择。首先，根据儿童的特点，选用了多样化的媒体介入教学。其次，按照教材的内容，恰当配置了媒体的作用点和作用时机：开始用动画渲染气氛、调动情感；中间以录音示范指导歌唱；最后用投影片启发思维引起讨论。再次，考虑媒体的不同特性用以辅助不同的教学任务。例如用高感染力的动画创设情境，用细节刻画功能强的投影片提供影像启发学生思考等。在教师精心选择的媒体作用下，学生进行视、听、演、唱等方面的学习实践，成为教学中真正的主体，受到所刻画人物的影响后，其他事物也都深深地震撼着学生的心灵。

2. 操作演示

不同的媒体的操作规范和演示技巧各不相同。下面仅从共性出发，谈谈媒体操作演示的一般程序。

演前准备包括课前预演。课前预演是为了保证演示的绝对成功，将意外的隐患消除在上课之前。演前则要引导学生认识媒体，预先了解关键性操作的作用，为演示提供背景知识埋下伏笔，以便学生更好地理解演示过程。

有序演示媒体的主要功能是创设情境、帮助理解、启发思考，因此，演示必须与教师的讲解紧密配合，符合学生的认识规律，做到适时出示，同步有序。

3. 指导观察

操作演示的成功是多媒体技能成功的前提，而善于指导观察、引导学生思考则是多媒体技能成功的关键。指导观察是通过有声和无声语言实现的，但它们都不是为了传授知识，而是引导、点拨学生，以抓住要害，思考现象背后的本质以及学会有效的观察方法。指导观察是一项贯穿演示始终、极富艺术性的工作。

演示前的导视：可以集中注意力、引起兴趣和指引观察方向。教师抓住学生关心的问题造成悬念引导他们有重点地观看动画片，起到很好的导视作用。

演示中的点拨：要言简意赅、击中要害，起到指引观察、突出重点、点拨思维的作用，而不能不顾轻重、随意介入、分散注意、扰乱观察。点拨的方式应灵活多样，如可采用教鞭指点、穿插设问、"定格"重放、增添辅助演示手段、采用多种媒体配合等。

演示后的小结：是进行指导的有利时机。可以采用画龙点睛的方法小结，也可发动学生自我小结或集体小结。小结不仅要深化对现象的认识，而且要重在培养能力。为此，教师应善于通过设问来启发思维、引起争议，最终得出结论。

4. 核查效果

演示是否达到预期的效果，必须对来自学生的信息进行仔细核查，敏锐感知和正确理解学生的反馈信息，并据此做出反应。

上面我们分别认识了媒体技能的各个构成要素，然而在实际操作中，这些要素并不是独立的，它们总是难分难解地交融一体，共同实现多媒体的整体功能。

（二）案例示范

1.《马兰花》

（1）作品分析。

该作品是一首耳熟能详的民间童谣，歌词浅显易懂，旋律朗朗上口。而设计的最初灵感来源于小班的一节体育游戏，游戏的亮点就是听辨"一朵花与两朵花"的语音信号，玩快速反应游戏。基于音乐作品的特点及孩子参加体育游戏的经验，将歌曲与体育游戏的规则巧妙地融合，创设了适合小班末期及中班初期的活动内容，深受孩子们的喜爱。

（2）活动目标。

①欣赏歌曲《马兰花》，在玩"勤劳人与马兰花对话"的游戏中逐步学唱歌曲。

②努力尝试用不同肢体动作"独立表现或两两组合表现"马兰花的姿态。

③学习根据语音及手势信号的提示，快速做出单个或两人组合的造型。

（3）活动准备。

①体育游戏中听过的《马兰花》儿歌。

②马兰花图片。

③计算机与屏幕。

（4）活动过程。

①环节1。

导入活动，激发学习兴趣。

教师：（出示马兰花图片）"看！这是什么花？"

儿童1："不知道。"

儿童2："杜鹃花！"

儿童3："马兰花！"

注意：这一环节的目的是兴趣的引发与经验的调动，至于孩子是否能说对花的名称不是重点。

②环节2。

教师放音乐（第一遍），引导儿童欣赏歌曲。

教师："这朵花的名字就藏在这首歌里，我们一块儿听一听！"

注意：这里需要孩子有目的、有意识地听，以听辨与验证"花"的名字。

③环节3。

欣赏第一遍歌曲后，围绕教师的问题进行回应。

教师："歌里唱的是什么花？"

儿童："马兰花。"

教师："勤劳的人对马兰花说了什么？再来听一听！"

注意：这里老师用了递进性的追问，一方面可以激发孩子再次欣赏的兴趣，另一方面对孩子听辨的准确性提出新的要求。

④环节4。

教师放音乐（第二遍），引导儿童再次仔细听辨歌曲，并尝试表述。

教师："勤劳的人对马兰花说了什么？"

儿童："请你马上就开花。"

教师："勤劳的人说了几遍'请你马上就开花'？再听一听！"

注意：这里老师再次用了递进性追问，为何不与前一环节的追问连接在一起呢？这是考虑中班初期的孩子其多重提问的兼顾性还有待发展。双重问题的出现，一方面会增加记忆负担；另一方面也容易造成回应问题的顾此失彼。因此，单一的提问有助于孩子仔细听清问题并准确做出快速回应。

⑤环节5。

教师清唱歌曲（第三遍），引导儿童验证听辨的效果。

教师："勤劳的人说了几遍'请你马上就开花'？"

儿童："两遍。"

注意：教师前面直接播放两遍原声音乐，目的是增强音乐性，渲染音乐的氛围，培养孩子的听觉审美观。但此外教师进行清唱，其目的是更好地帮助儿童提高听辨的准确性。因为教师清唱时可以放慢速度，夸张吐字。所以，这里的清唱尤为必要。

⑥环节6。

教师再次清唱歌曲（第四遍），并在歌曲结束后加入游戏语言"开几朵花"。

教师："勤劳的人说完'请你马上就开花'之后，马兰花说了什么呢？"

儿童："开几朵花。"

⑦环节7。

教师扮演勤劳人，引导儿童扮演马兰花，重点练习"对话"游戏。

教师："这次老师当勤劳人，你们当马兰花，当我说完'请你马上就开花'，你们问什么？"

儿童："开几朵花。"

教师："我们先试试看！"

教师："请你马上就开花！"（示范清唱）

儿童回应："开几朵花？"（儿童接唱）

注意：这里的师幼互动练习是为后面玩应答游戏服务的，所以教师单独清唱"请你马上就开花"这句的目的是让儿童明确在教师唱完后就要接唱"开几朵花"的游戏规则。

⑧环节8。

教师创设"寻找真马兰花"情境，与儿童边听音乐边玩"开几朵花"的互动游戏。

教师："勤劳的人要去山上寻找会说'开几朵花'的真马兰花！准备好哦！"

注意：这里是完整地呈现"马兰花"师幼互动游戏环节，是对游戏规则的整体感知与重温。

⑨环节9。

教师引导儿童创编单人独立变花与两两结伴变花的造型。

教师："开一朵花！谁会用动作变一变？"

儿童：（自由表现独立变花姿态。）

教师："还有什么样子的马兰花呢？"

儿童：再次调整不同姿态，以展现马兰花的更多的造型。

注意：此处教师的引导是激发儿童学会创造性地表达，让孩子在花的姿态上有更多的想法、做法，是对儿童求异思维的培养。

教师："开两朵花！怎么变？"

儿童：（两个人合起来！）

教师："怎么组合？试试看！"

注意：此处教师基于孩子的已有经验，可仅用启发式引导的方法，让孩子自主地表现组合造型的方式。如果孩子缺乏结伴经验，教师是可以示范两两结伴的方式的。

⑩环节10。

教师引导儿童听辨语音信号，玩变一朵花或两朵花的快速反应游戏。

教师："这次勤劳的人会请马兰花开几朵花呢？听仔细哦！"

教师："一朵花！"

儿童：（变成一朵花造型。）

教师："两朵花！"

儿童：（变成两两组合造型。）

注意：此处教师应流露出"逗你玩"的游戏神情，以渲染快速反应的氛围。同时，发出语音信号的速度要快，以突出快速反应的游戏特点，激发孩子的兴趣。

⑪环节11。

教师引导儿童看手势动作，玩变一朵花或两朵花的快速反应游戏。

教师："这次，勤劳的人不说话，只用手指动作表示'一朵花或两朵花'，要看仔细哦！"

注意：这里老师用手势的动作，引导孩子玩快速反应游戏，其实是给孩子不同的刺激，手势动作的游戏趣点在于：此时无声胜有声，更容易激发孩子反复游戏的兴趣。同时，手势又调动了儿童的视觉参与，有利于提高儿童有意注意的能力。

⑫环节 12。

反思评价歌曲掌握的情况。

教师："这首歌你们会自己唱了吗?"

儿童："会了!"

教师："试试看!"

注意:反思评价环节是游戏性歌唱教学中的必备环节,是孩子自省学习效果与教师反思教学效率的关键。更大的价值在于,学会不是最终结果,清楚自己是如何学会的才真正重要。这是反思评价的精髓。

2.《板栗和刺猬》

(1) 作品分析。

《板栗和刺猬》是一首优美抒情的歌曲。歌曲的曲调不太容易掌握,原歌词相对变化比较多,有一定的复杂性。为了让儿童能够愉快地学唱歌曲,我们对歌词进行了一定的调整。原本"咿呀呀"处有多次重复的歌词,我们将其调整成只重复两次,更便于儿童掌握,并可以迁移儿童原有的游戏经验,体现刺猬和板栗比赛的歌词,更符合歌曲的情境。

(2) 活动目标。

①在观察图片与匹配动作的过程中记忆歌词顺序,感受歌曲优美抒情的曲调风格,初步学唱歌曲。

②通过师幼互动、幼幼互动的竞争游戏,在有层次、不断挑战的竞争游戏过程中,可以随乐曲节奏玩双手"石头剪刀布"的游戏,并要求及时出拳。

③在两两同伴之间玩输赢游戏的过程中,感受和同伴在一起的快乐。并在不断的游戏过程中感受玩乐的愉快,对输赢结果有良好的心态。

(3) 活动准备。

①经验准备:儿童会单手玩"石头剪刀布"的游戏。

②材料准备:与歌词匹配的幻灯片。

(4) 活动过程

①环节 1。

教师讲述关于歌曲情境的故事,儿童倾听范唱一遍。

教师:"秋天的树林里,果子成熟落满地,树上的小板栗发现了一个小

秘密，会是什么呢？我们一起来听一听！"（教师演唱歌曲一遍）

儿童1："刺猬。"

儿童2："刺猬头发像自己。"（教师出示相应那句的图片）

注意：教师用提问的方式引出了歌曲的第一遍范唱。儿童带着问题去倾听歌曲，有利儿童对歌词的主动掌握。

②环节2。

在多次范唱中，师幼共同建构图谱，感知歌曲的结构和歌词。在多次范唱和问题引导中，儿童感受歌曲的结构和内容。

教师："还有呢？……如果我们还没有听清歌词时，应该怎么办呢？"

儿童1："再想一想。"

儿童2："再听。"

教师："听谁唱呢？"

儿童2："听老师唱。"

教师："那你们怎么对我说呢？"

儿童："老师，请您再唱一遍吧。"（教师第二次范唱歌曲）

注意：在这样的互动过程中，教师要关注儿童发现"当我有困难时，我可以怎样做"的方法。这个过程很重要，让儿童知道每个人都会遇到各种困难，当自己有困难时，可以向他人求助，让儿童逐步形成一种有问题就问的意识。

教师："你在歌曲里听见什么了？"

儿童1："秋天。"

教师："秋天的什么呢？"

儿童1："秋天的树林里。"

儿童2："很多的果子。"

教师："秋天的树林里，果子成熟落满地。出示图片并引导儿童做动作。"（教师带领儿童再说一遍，并做相应的动作）

教师："还有呢？……当我们不知道歌曲里还有什么歌词时，可以怎么办？"

儿童："请老师再唱一遍。"（教师第三次范唱歌曲）

注意：教师让儿童在相似的情境中立刻使用了"面对困难，主动求助"的策略，让儿童感受到向他人求助的平常心，同时学会这个策略，即有困难、有问题时可以及时提出。

教师："你们还听见什么啦？"

儿童1："秋天的树林里。"

儿童2："小板栗。"

教师："哪里的小板栗啊？"

儿童3："树上的小板栗。"

教师："树上的小板栗做了什么呢？"（边说边做动作）

儿童4："跳下来。"

儿童5："跳下来比。"

教师："嗯，"（用比较慢的速度）"跳下来比一比。"（边说边做动作）

注意：教师已经进行了三遍范唱，但是儿童对于歌词反馈有一定的困难，不能够相对完整地记清楚歌词的内容。教师要注意转换倾听的方式，避免儿童出现疲劳。

教师："这张图片是什么歌词呢？这个问号是什么意思呢？"

儿童1："想一想。"

儿童2："秘密。"

儿童3："小秘密。"

教师："哦，是发现一个小秘密。树上的小板栗发现了一个什么小秘密？"（出示图片）

儿童1："发现了刺猬。"

教师："发现了刺猬的什么啊？"（教师同时指指自己的脑袋）

儿童1："刺猬的头。"

儿童2："刺猬的头发。"

教师："当我们不清楚的时候，可以怎么做呢？"

儿童："请老师再唱一遍。"

教师范唱第五遍："你们听清刺猬那句是什么吗？"

儿童1："刺猬头发。"

儿童2："刺猬头发像自己。"

教师："最后发生了什么事情呢？我们看看这张图。"（出示最后一句歌词的图片）

儿童："摔破小肚皮。"

注意：在这里，对于歌词中"咿呀呀，咿呀呀，咿呀咿呀咿"这句，教师无需在范唱的时候就让儿童听精确，因为这句话有重复有变化，比较难，所以在整理歌词时，这里不作为一个重点。

教师再次歌唱，儿童检查图片位置是否正确。

教师："我来唱，你们帮我检查一下，看看我的图片摆放是否正确哦！"（将所有的图片摆放在与歌词相对应的位置上，教师范唱，儿童伸出手指指图，检查是否正确）

注意：这时的检查，是让儿童验证自己前面的倾听效果，重点对"咿呀呀，咿呀呀，咿呀咿呀咿"这句匹配的图谱做精确的感受。

③环节3。

学习在歌曲中累加"石头剪刀布"的游戏。

教师示范游戏玩法，并和儿童讨论出"输""赢""平"的动作表示方法。

教师："刺猬和板栗是怎么比赛的呢？我来做一做，你们猜一猜。我玩了什么游戏？"

教师边唱边动作，示范游戏的玩法，歌词的前6个小节，教师边唱边做相应的动作表示歌词。唱第一个："咿呀呀"时教师伸出一只手，手心向上；唱第二个"咿呀呀"时教师伸出另一只手，手心向上；唱"咿呀咿呀咿"时教师双手绕圈，在唱最后一个"咿"字时出拳。

教师："你们看出来刺猬和板栗是怎么比赛的么？"

儿童："通过石头剪刀布游戏。"

教师："在唱歌曲的哪个字时小动物出拳的啊？"

儿童："'咿'。"

教师："歌曲中的哪个'咿'？"

儿童："最后一个'咿'。"

注意：教师要帮助儿童明确在哪个字出拳，是为了让儿童成为一个清醒的学习者，明确知道游戏规则。同时也用这个规则来衡量儿童是否遵守游戏规则。

教师："对，他们用了这个方法。那现在我们也来比赛一下，看谁会胜利哦！"（教师和儿童一对多，边歌唱边游戏一次）

教师："那赢的小动物怎么做？"

儿童1："说'耶'!"

儿童2："还要做'耶'的动作。"

教师："那我们一起做一做，试试哦! 师幼共同边说边做'耶'的动作。"

教师："输的小动物怎么办呢?"

儿童1："做一个哭的样子。"

教师："那我们一起来做一做吧!" 师幼共同边说边做。

教师："两个小动物出的手势如果是一样，怎么办呢?"

儿童1："我们抱一抱。"

教师："那我们找旁边的朋友抱一抱吧。"

教师和儿童尝试边唱边玩"石头剪刀布的游戏"。

教师："大家和我一起来玩玩这个游戏吧! 注意哦，赢了、输了、平了应该做什么动作?"（师幼共同边唱边游戏一次）

④环节4。

反思歌曲的演唱情况。

教师："你们会唱这首歌曲了么? 刚刚在边玩边唱的过程中有什么困难么?"

儿童1："我这张图不会唱（树上的小板栗）。"

教师："谁来帮帮他?"（没有人说话）"那我们一起来唱一唱，帮帮他吧!"（钢琴前奏，唱前面4个小节）

儿童2："我咿呀呀，不太记得。"

教师："那有什么好办法能记得么?"

儿童1："仔细听老师唱。"

儿童2："看图，图上有标示。"

儿童3："一边看，一边唱。"

教师："这些都是好方法，你准备用什么方法呢?"

儿童："数一数。"

⑤环节5。

累加儿童两两游戏方法。

请两位儿童示范游戏玩法。

教师："请两位小朋友到上面来玩一玩，我们帮他们唱一唱。看看他们

是不是会做输、赢、平的动作咯!"

注意：教师邀请两位能力中等的儿童到前面来做示范，教师注意观察儿童在两两边玩边唱游戏中可能会遇到的困难，并在后续游戏中给予适当的支持。

儿童尝试两两边唱边玩游戏。

教师："现在每个人和旁边的小朋友面对面，我们两个人一起玩这个游戏吧!"（儿童面对面，边唱边游戏一次）。

注意：这时，教师需要检查是否每个孩子都找到了同伴，以便于马上可以顺利地开展游戏。

⑥环节6。

累加歌唱游戏的挑战性玩法。

学前儿童歌唱，教师示范游戏的新玩法。

教师："这次刺猬和板栗在比试的时候有新玩法咯，请大家看看这次我比试的时候，动作有哪里不一样。你们一起帮我唱哦!"（儿童歌唱，教师在唱"咿呀咿呀咿"时，将动作变换成收回任意一只手）

教师："你们发现动作有什么不一样啦?"

儿童1："您的手没有绕圈圈了。"

儿童2："老师的手藏起来了。"

教师："老师把两只手都藏起来了么?"

儿童1："老师只藏起来一只手。"

教师："哈哈，被你们发现啦!那我们一起来玩一次吧!"（教师和全体儿童试着用这样的游戏方式一对多游戏一次）。

儿童尝试用新方法两两边歌唱边游戏。

教师："现在大家可以和旁边的小朋友两个两个面对面游戏了么?"

儿童："可以。"

教师："那就找到并和旁边的小朋友面对面。我们一起边唱边用新方法玩一次吧!"

儿童尝试站起来找朋友游戏。"

教师："我们要到树林里去玩游戏啦!请大家起立，听着音乐的前奏，找到好朋友面对面，然后边唱边游戏哦!"（儿童玩游戏两次，中间可以交换朋友玩一次）

注意：当儿童站起来游戏时，由于儿童在比较短的前奏音乐中需要找到朋友共同游戏，所以，教师要特别关注儿童结伴过程中是否遇到困难，及时帮助有困难的儿童找到朋友，及时开始游戏，以便儿童更有参与的兴趣。

第二节　学前音乐教育与翻转课堂

翻转课堂是可以重复反复观看的，这给学生提供了学习的便利条件，学生可以根据自己的学习情况安排学习进度。翻转课堂为儿童教学提供了新的发展思路，在未来的教育教学过程中，教师可以利用网络资源通过翻转课堂的方式提供给儿童，帮助他们得到适宜的发展。

一、翻转课堂的内涵

所谓翻转课堂，是相对于传统课堂而言的，传统课堂是以教师讲解为主，学生听讲，课后学生完成作业。翻转课堂是利用信息技术，教师将知识点碎片化录制成短小的教学视频，然后配上对应知识点的学习资料和作业，通过线上平台发布给学生，教师引导学生根据平台信息和学习导学单进行自学，并完成作业。根据平台上的反馈教师能够实时准确的把握学生的自学情况，课堂上再针对学生的学习情况进行有针对性地讲解，帮助学生一起解决疑点难点。这样的教学模式，把基础知识的学习放到了课前学生的自学，课堂上有更多的是将组织学生讨论、实践、完成作业。这样激发了学生参与课堂的积极性，提供他们的思维能力和实践能力，促进学生的综合素质的提高。

二、翻转课堂实践

翻转课堂把原来课上教授、课外练习的学习模式，翻转成学生在课前自主探究新知识、在课上通过练习和互动实现知识的提升和运用的学习模式。翻转课堂把知识传授安排在课前，把知识内化安排在课上。因此，完成知识内化目标的课堂学习内容与目标就成了决定翻转课堂是否高效的核心因素。

(一) 翻转课堂教学内容与目标设计

虽然传统教学设计对于翻转课堂具有很好的借鉴意义，但是采用传统教

学方式所设计的教学内容并不能够完全照搬到翻转课堂上来，主要原因在于学习内容中的一部分知识点已经放在了课前自学环节中。教师需要对学生的课前自主学习情况进行分析、整理，并对学生在自主学习中出现的问题进行归类、总结。教师既可以检验学生对知识点的掌握情况，也可以对后面的教学内容进行改进或完善。

人本主义教育理念提倡教学要以人为本，促进学生的全面发展，教学过程中以学生为主题，注重学生个性，正确看待学生的差异，维持良好的师生关系和课堂气氛的作用。翻转课堂的教学模式与人本主义的教育理念不谋而合，所以翻转课堂教学内容的设计重点是创设真正的以学为中心的课堂，教学内容的安排和组织适应不同的学生，能够分层次适应个体的需要。

（二）课堂学习内容与目标设计的要点

实施翻转课堂以后，我们在设计课堂教学活动时要改变传统设计方式，在内容与目标设计方面也要改变。同时，课程学习内容要更加注重应用性、实践性、差异性和定制性。正如美国密歇根州圣路易斯高中老师史蒂夫·凯利所说："实施翻转课堂后，我能够重新采用一些更高层次的思维技巧和数字化项目，而原来为了让学生更容易完成课程，我没有设置这些内容。现在，我让学生自己创造项目。在技术方面，我尽量让学生有多种选择，一是为了调动学生的积极性，二是为学生开辟新的学习途径，而这些在原来的课堂上是无法实现的。如果学生能够不断应用所学知识处理新问题，那么他们就是在更深入地学习，对知识的掌握也会更持久。"

1. 课堂学习内容注重应用性和实践性

翻转课堂是一种深度的学习，因为学生在课前对基本知识已经学习了，所以课上就需要有比传统课堂更高质量的学习活动。

儿童的学习能力还在锻炼中，他们还不能像大学生那样准确地判断通过课前学习是否真正掌握了新知识，针对自己的知识漏洞也不能像大学生那样设计出比较适合的问题，并带到课上来询问老师和同学。儿童的这些认知特点，就要求学前的翻转课堂与大学是有区别的。在学前的翻转课堂上，要帮助学生理解知识本质，不能仅仅依靠学生的提问，还要让学生有更多机会在具体环境中应用所学内容，在实践过程中逐步掌握所学知识。因此，学前翻转课堂的学习内容比传统课堂更注重应用性。

2. 课堂学习内容注重差异性和定制性

在翻转课堂中，教师可以利用信息技术对学生的课前学习进行调查，与传统课堂相比，有更多的机会掌握学生的个性化问题，也有更充裕的时间针对学生的个性化问题设计配套的个性化课上练习。在课堂上，不同的孩子在各自的探究学习活动中会出现不同的学习需求，教师必须给予不同的帮助。因此，我们认为，翻转课堂的学习内容设计也应该凸显它的差异性和定制性，从而有效解决传统课堂存在的一些问题。

教师根据学生的学习反馈，不仅可以了解学生的共性问题，还能够收集学生的个性化的问题。因此，教师在课堂上应该根据收集到的个性化问题进行有针对性地指导。例如，教师根据问题内容、难易程度进行分类，比较简单的在课上引导学生思考回答，比较难的告诉学生相应的学习途径，引导他们课后自己去探究；学生有能力探究有意义的问题，可以组织学生在课上进行分组探究。

3. 课堂学习内容注重拓展性和开放性

有了课前的知识学习，学生对某个知识点有了一些基本认识，但是离真正理解和掌握还有一些距离，需要经过课上的学习活动来加深理解。可能的话，教师还要设计具有拓展性的学习内容，引领学生进一步掌握知识点，提高自己的学习能力。因此，翻转课堂的学习内容比传统课堂更注重拓展性和开放性。

（三）课堂教学活动的具体环节

在翻转课堂中，课堂教学活动的主要任务是帮助学生完成知识的内化。教师在课堂教学活动的设计与安排时要把握两个关键——内化知识、拓展能力，传统教学过程通常包括教师的知识传授与学生的知识内化两个过程，然而对于翻转课堂来说，因为教学模式发生了变化，知识的接受成了学生课前的学习任务，深入内化知识是在课上进行的，所以通过课堂活动完成知识内化是翻转课堂的核心问题之一。

1. 课前回顾和知识梳理

教师把知识点零散化、碎片化，通过教学微视频上传教学平台或发给学生，为了让学生把碎片化的知识点形成系统的知识结构，需要在教师的帮助下对碎片化的知识进行整理，建构知识体系。通过这一环节，学生可以明确

各个知识点之间的相互关系，在头脑中建构起相应的知识结构和脉络。

2. 师生共同确定问题

问题是思维的源泉，蕴含着极大的智慧。爱因斯坦说过："提出一个问题往往比解决一个问题更重要。"我们的翻转课堂要引导学生敢于提出问题，学会提出问题。有问题才会思考，有思考才能探索，有探索才能创新，有创新才会发展。

在翻转课堂教学活动中需要探究、解决的问题主要来源于以下几个方面。

（1）学生在课前学习后提出的问题。

主要是指学生根据自己在课前观看教学视频、进行课前针对性练习时提出的一些问题。这些问题在课前学习的自主学习任务单中会有所体现，而教师需要从这些问题中筛选出有价值的问题作为探究内容。

（2）教师提出学生普遍存在的问题。

课前在线学习中教师安排的在线作业或在线测验能显现出学生在学习该知识点时普遍存在的问题，这些问题也需要拿到课堂上来研究讨论。

（3）师生共同提出的拓展性问题。

拓展性问题是传统课堂教学活动的延伸，具有更大的开放性和灵活性。其实这些拓展性问题不是无中生有，它存在于学生的生活中，是学生的直接的感性认识，同时，它也存在于学生接触的网络、书籍、广播中，是学生获得的一些间接信息。拓展性问题可以充分发挥它的导向和教育作用，让学生在解决问题的过程中不断提高自己的学习能力。

3. 学生独立解决问题

"学而不思则罔，思而不学则殆。"在特别强调合作学习的翻转课堂中，同样不能忽视对培养学生独立解决问题的能力，力求让学生在独立解决问题的过程中构建自己的知识体系，让学生学会在学习中独立思考，在独立思考中提高能力。

4. 开展协作探究活动

探究学习是学生在学习情境中通过观察、阅读，发现问题，搜集数据，形成解释，获得答案并进行交流的过程。由此看来，协作探究学习活动有利于发展学生的思维能力，可以提高学生的沟通能力。

我们的翻转课堂比传统课堂更有条件开展协作探究活动：传统的教学课堂是教师占用大量的时间进行讲述知识，然后留出少量时间学生进行巩固练习，没有学生自主探究的过程。在翻转课堂上，学生在课前要对本节课的基础知识进行初步的了解和掌握，在课堂上留出较多的时间进行分组讨论、协作探究活动完成掌握课程内容的目的。

5. 成果展示与交流

学生经过独立思考和协作探究学习之后，需要在课堂上进行汇报并交流学习成果。翻转课堂是学生获得知识及展示自我的舞台，有利于学生在课堂展示交流环节中大胆地表达自己的见解。

（1）展示与交流要体现多样性。

从大范围来说，可通过比赛，小组展演等形式进行成果展示和交流。从小范围来说，在成果展示与交流中，可以采用自由讨论的形式，即人人都可以在小组中自由发言，也可以采用轮流发言的形式，即围绕一个中心问题逐个发言。

一般来说，当学习需要掌握的某一知识点时应采用轮流发言的形式，旨在让多数学生通过交流而获取知识，掌握知识，也可以采用连锁评价的形式，即对一个中心问题先由一人发言，然后由他本人请组内的一个同学加以补充。不同形式的展示与交流有不同的特点，在组织展示与交流活动时要根据活动的内容和学生的特点，灵活选择合适的形式，从而使学生乐于参与。还可以邀请其他教师和家长参与。

（2）展示与交流要体现有序性。

展示与交流活动应该按照一定的顺序进行，一般是先进行组内展示与交流再进行班内展示与交流。小组内展示与交流侧重于把学生通过协作探究学习掌握的新知识、新技能、新方法或遇到的新问题展示给小组成员，小组成员可以依据实际情况对这种新知识、新技能、新方法做出肯定或否定的评价，也可以对同学遇到的问题提出解决办法等。

（3）展示与交流中要有适当评价。

对学生展示与交流活动中的适当评价，必须突破传统课堂教学中只关注结果的单一评价模式。从评价方式看，有学生评价和教师评价，在每一小组进行交流以后，既有学生发表意见，又有教师即兴点评；从评价内容看，有过程性评价和终结性评价，以过程性评价为主。只有在肯定、欣赏、激励、引导中，学生才能掌握交流技巧，从而发挥出更大的创造才能。教师对学生的评价非常重要，要尽量采用鼓励的方式，教师的评价要关注学生的倾听、交流

以及协作情况，采取多种评价形式，包括用语言、眼神等对学生进行评价。

第三节　学前音乐教育与微格教学

微格教学是利用现代教学技术手段提高教师教学能力的一种方法。这种教学法是教师教育最直接和最接近教学实际的课程之一，也是建立在教育学、心理学等学科理论基础上的一门必修课。

一、微格教学概述

微格教学产生于美国斯坦福大学。1963 年，艾伦与他的合作者采用微格教学的方式训练师范生的教学技能。这就是培训教师教学技能的微格教学。在八十年代初，微格教学传入我国，经过 20 多年的研究、实践，不断地完善这种教学方法，并与我国的教学实际相结合，已日趋成熟。同时，随着计算机技术的不断发展，为微格教学的使用和培训提供了有利条件。

微格教学是一个有控制的教学实践系统，它是师范生和教师有可能集中解决某一特定的教学行为，并在可控的条件下进行学习和训练。它是在教育教学理论、科学方法论、视听理论和技术的基础上，系统训练教师课堂教学技能的理论和方法。

微格教学应用现代化的计算机技术，对已经划分了的教学技能环节进行单项逐一的强化训练。帮助师范生和教师掌握提升教学技能，使他们的教学能力得到提高。微格教学看重教师的技能分析示范，实践反馈和客观评价等环境，在微格教学训练的过程具有以下 3 个特点：

1. 技能训练单一集中

微格教学与传统的教师培训模式不同，将整个教学过程分为不同的单项技能，逐一进行训练，这样就降低了培训的难度，贯穿教学过程的导入环节训练导入技能、知识点讲解训练讲解技能、提问环节训练提问技能、重难点训练强化技能等，做到每一项技能都是可以描述出来，有培训方法，从而逐项分析研究和训练。

在训练微格教学的过程中，可以限定练习时间，规定在这一时间段单独培训一个或两个特定的技能项目，把某一个教学技能项目反复练习，达到深入训练的效果，把问题细微化，随时就问题进行探讨，这样的训练效果更佳。

2. 技能训练目标明确

微格教学的课堂教学技术训练是由一项一项的教学技能组成的，每一项都要求在一定的时间内完成对应的教学内容，每一项都是有控制的，最后组成一个完整的教学培训系统，对每一项教学技能都非常的重视加以分析改进，让参与培训的人员有明确的目标，最终提高自己的教学能力。

3. 反馈及时、全面

微格教学利用现代教学设备对课堂教学的整个过程进行录制，尽可能完整真实地把整个教学过程记录下来。教学技能训练者能够及时地观察到自己教学过程中存在的优势和劣势，随时进行调整。这样就可以不用完全依赖指导教师或同伴的反馈。从而达到"旁观者清"的效果，产生"镜像效应"。

二、微格教学的基本理论依据

（一）以系统的思想为指导研究培训教学技能

教学过程是复杂的，由教师组织的、学生参与的不同的教学环节组成的一个整体。所以，教学过程是一个系统的运行过程。什么是系统呢？一个有特定功能的整体由相互联系、相互作用、相互制约的不同要素组成的。教学技能是教学的基础，要想在课堂上完成教学内容，实现教学目标，首先要具有一定的教学技能，教学技能掌握运用的越熟练越好，课程上呈现的教学过程就越好，也就能够更好的实现教学目标。把一个个优化了的教学技能组合到一起，相互作用就形成了一个良好的教学过程，这就是教学整体。

在微格教学过程中，为了达到良好的教学效果，实现教学目标，会对教师的教学行为和教学过程进行分析，逐一进行训练和学习，把一个个的教学技能掌握后组合起来，就形成了教师个人的教学能力。

（二）示范为被培训者提供模仿的样板和信息

示范是对抽象的内容用具体的、形象化的解释或实际行动来进行演示，展示某件事是如何操作和进行的，这样受训者就可以非常直观的理解应

该如何去操作。在培训的过程中，为受训者提高丰富多样的教学方式的示范，并且配以讲解说明，让受训者可以直接模仿，并能非常直观形象的理解和应用。示范是通过视觉和听觉共同作用刺激受训者的感官，这样受训者就能最大限度的获得信息，这样的效果要远远好于仅用语言描述的方法。有研究表明，视觉神经的信息通过能力比听觉神经的信息通过能力大 15 倍。但是除了运用视听结合的方式以外，配以语言和文字也是非常由必要的，它可以加深受训者的音响，帮着受训者更好、更快的掌握所学内容和技能。

（三）技能训练是掌握复杂活动的途径

微格教学中受训者的教学能力的形成是通过对教学技能分解成项，并分项进行独立训练形成的。心智技能和动作技能是根据技能特点划分的两种技能。在对心智技能的研究观点中，苏联心理学家加里培林等人，建立了心智活动分阶段形成的学说，他们认为，人的心智活动是从人的外部环境物质活动向人的心理活动转化的过程。对心智技能和动作技能之间的关系我国教育心理学学者们做了更为详细的研究和解释：心智技能和动作技能是相互联系又各有特点，这是在认识和行动统一的观点基础上得出的。技能的必要环节有感知、表象、思维和运动。心智动作的形成是以外部动作为最初依据的，外部动作是心智动作的表现，心智动作控制调节外部动作。整个活动过程既离不开心智技能也离不开动作技能。这些理论是微格教学产生和发展的重要依据。

（四）直接的反馈对改变人的行为有重要作用

反馈是技能活动的基本方法和过程，它可以让实施者了解以往的过程过程和情况，以此为依据对下一步的活动进行调整和布局，达到最佳的效果。反馈要具备以下两个条件才是有效的反馈，一是及时性，二是准确性。及时性是在活动实施者做出判断和决策之前给出反馈结果，这样才有意义；准确性是指给出的反馈信息要真实可靠，否则会对对活动做出错误的判断，失去对活动的控制力。

（五）定性分析与定量评价相结合有利于被培训者改进提高

形成性评价是微格教学中对参训者的评价方式，不会把最后的单个结果作为最终的评价结果，也不会对参训者的教学技能的高低进行定性，而是给出提高改进的数据信息，让受训者明确自己哪方面存在不足。自我评价、小组评价、指导教师分析三者结合是微格教学定性分析评价。在用定性分析评价的同时，还需要按照一定的评价标准制定的评价表进行定量分析，定量分析给出一个量化结果，根据指标发现哪些地方还存在问题和不足，进行修正和改进。在整个活动过程中，定量分析给出量化结果，定性分析查找出问题不足的原因。因此，两种评价相结合，是受训者改进和提高的方法。

三、当代音乐微格教学法的教案设计

（一）教学目标的确定

1. 教学的认知目标

①知识。由学生进行回忆或者再认的观念、材料或者现象。

②领会。学生能利用某些材料或材料中所具有的内涵，并能清楚要交流的内容。

③运用。学生运用已掌握的学科知识来解决新问题。

④分析。对新知识进行解析，并且能够把解析的知识与已有知识形成链接，并且运用。

⑤综合。综合也就是构成，即把部分或者要素进行组合。

⑥评价。对知识理解、分析和判断的基础上，为实现目标，对整个实施过程进行价值判断，并以此标准衡量其他事物。

2. 教学的动作技能目标

①知觉（领悟）。感觉是知觉的前提，操作者在感觉的基础上对客观事物、关系、质量进行感知。

②定势（准备）。定势即操作者进行准备或者根据某些特定行为或者经验进行调整的状态。

③指导下的反应。即模仿，是操作者对某一技能的表现出来的外显行为，这中行为需要在教师的指导下进行。

④机制（表现）。能够熟练的、有自信的采取某种行为。

⑤复杂的外显反应（熟练）。能够熟练而稳定的进行相当复杂的动作

行动。

⑥适应。出现新问题或新情景的时候，操作者可以随时调整动作加以配合。

⑦创作。操作者创作出新动作或者操作材料。

3. 教学的情感目标

①接受。对于某些现象和刺激，学习者愿意去注意和感受。

②反应。对某一事物或现象，让学习者收到了充分的驱动，得到满意的感觉。

③欣赏。学习者对指导行为的基本价值的信奉，并达到要追求、找到的地步。

④组织。首先，学习者对与多种价值有关的各种背景进行整合，再对其价值进行主次排位，最后，确定普遍的价值。

⑤定型。学习者逐渐把自己学习到的知识内化，并会按照内化的价值来行事，有一定的定向性，然后有效行动，逐渐形成自己的世界观。

（二）教学教案的编写

①确定教学目标。它既是教师的教学目标，又是学生的学习目标。因此在制定教与学的目标时，要准确、客观、具体、明确，既便于实现，又便于检查。

②写明教师教学行为。准备的提问问题、准备做的演示或者实验、讲授的内容、课堂练习、要列的实例、师生的活动等均属于教学行为。

③标明教学技能。标明教学技能是微格教学教案编写的最大特点，它要求受训者感知教学技能，识别教学技能，应用教学技能，突出体现微格教学以培训教学技能为中心的宗旨。在实践过程中，每处应当运用哪种教学技能，在教案中都应予以标明。课堂设计不是教学技能的简单组合，而是要根据教学目标总结研究课中各个场合运用的各种技能，这对教师来说尤其重要。

④预测学生行为。这一项内容体现了教师引导学生学习的认知策略，其中的内容包括学生的回答、观察以及活动等。

四、当代音乐微格教学法教学课程实施

(一) 根据实际情况进行课题选择

所选的课题可以是自己感兴趣的或是有待研究探讨的，也可以大胆地选择教学中的疑难点，以供小组成员共同研讨。除此之外，还可以让几位学员的课题完全相同，让他们从不同的角度进点和所教学生的特点来进行，授课内容应当是灵活多变的。

在教学过程的设计上要注意教学过程包括教师的教和学生的学两方面。但是，教师的"教"仅仅是一个引导的作用，对于教案的设计也不能千篇一律，尤其是音乐教学更是如此，更应当灵活多变，生动活泼，调动学生的积极性，激发学生兴趣。

在教学时要严格把握每一教学过程和活动所用的时间，不可冗长拖沓，同时在仔细估算时间的同时要注意给自己留有余地，以便在正常教学时发生特殊情况能够及时应变。

(二) 选择教学的技能方式

1. 导入技能

"导入"，可分别理解为"引导"和"进入"，可解释为"教师引导学生进入教学情境"。导入技能可以提示学生有意注意，进入学习准备状态。学生从学习一开始就无法集中注意力，教学过程中再去吸引他们的注意力就不太容易。选用适宜的导入方式，能营造浓厚的学习氛围，激发学生的学习热情，化解学习内容的难度，实现新旧内容的自然过渡，从而大大提高课堂教学效果。导入环节的设计应融合针对性、科学性和启发性于一体，同时要具有新颖多样性、艺术性、实效性、趣味性、联结性。

(1) 导入要求。

①针对性。

导入的针对性是指教师在导入环节时，一定是为教学目标服务的。导入环节是激发学生学习兴趣的重要环节，是为本节课教学目标服务的，所以导入一定是针对教学目标而设计，绝对不能仅仅为了吸引学生兴趣，毫无目的

的讲故事、看视频导入。它的设计要分析不同的教学内容和教学对象，选择不同的导入方式，以为了达到教学目标为前提，引起学生的好奇心和学习兴趣。

②科学性。

教师所讲述的概念、知识点、举例等要做到准确无误，严谨科学。同时，导入环节要逻辑缜密，线索清晰，内容条理。要选择恰当合理的导入方式。教师要保证导入的科学性的要求。

③趣味性。

教学过程中的导入环节要有童趣，符合学生的身心发展特点和年龄特点，要有思考空间，引起学生的探究欲望。兴趣可以促使人充满认识事物的欲望，是学生学习的内驱力。一个人对某一件事越有兴趣，那么他对这件事的感知越细腻，思维越缜密，记忆越深刻，想象越丰富。如果一堂课的导入环节充满趣味性，学生就会非常乐意主动地探索学习。

④艺术性。

课堂教学的导入环节应该具有艺术性，而音乐本身就是一门艺术学科。所以教师要具有创新精神才能设计出内容新颖的课堂导入环节。在导入环节教师的语言要形象、有趣、富有感染力，既要清新流畅，又要条理清晰，内容要具有科学性和教育性，这样才能激发学生的学习热情和探究欲望。

⑤启发性。

课堂教学的启发性，一是激发学生的学习兴趣，教师要根据学生的的情况准备导入内容和选择导入方法。把学生的学习积极性激发起来，用最好的状态投入学习。二是启发学生的思维发展，在导入环节会设定一些问题、引导学生讨论解决问题，需要学生运用思维活动实现知识的正迁移。

⑥联结性。

课堂教学导入的一个重要作用就是承前启后，让前后的学习内容联系起来，让一堂课完整起来。所以在设计导入环节时，要认真分析教材内容，建立前后内容的衔接，同时要对学生非常的了解，掌握他们的知识和能力情况，选择一个最佳的放心进行导入，使教学浑然一体。

⑦时效性。

导入环节只是课堂教学中的一个环节，它要在短时间内，最快的引起学生的关注，拉近师生关系，让学生能够尽快的进入上课状态，一般导入环节时间不宜过程，控制在 3~5 分钟即可。

⑧新颖多样性。

新颖的导入往往能够在第一时间抓住学生的注意力，让学生耳目一新，有效的刺激了学生的感官。心理学的研究表明，感知对象的新异性是引起人关注的一项重要条件，这也就解释了为什么学生总是对新事物感到好奇，新奇的有时代特色的事物会引起他们的兴趣。单调而重复的刺激，会让人逐渐失去兴趣，失去关注。因此，在为实现教学目标的基础上，要设计内容新颖，方式独特的课堂导入，不能全部重复一种模式。

（2）导入的方法。

课堂教学导入没有固定的模式，它因教学的对象、内容、氛围等的不同而有所改变。课堂教学导入成功与否，直接关系整堂课的教学质量。教师除了按照教学大纲的要求钻研教材、认真备课等以外，选择好的课堂教学导入方法也十分重要。教师应力求在上课的一开始就吸引学生的注意力，用独特的课堂教学导入方法激发学生的学习兴趣。

在学前儿童教学中，通过各种新颖的形式导入新课，可以激发学生学习的兴趣和创作的欲望，促进学生智力的发展和陶冶学生的情操，培养学生的创造力和审美能力。

①衔接导入。

它主要是根据新旧知识之间的逻辑关系，找准知识的联结点，以旧引新或温故知新。例如，在学习知识"切分音"之前，复习节拍知识中各种拍子的强弱规律，引出节奏中的强弱关系，然后才能根据改变节奏强弱规律的特点引入切分音的学习。

②情感导入。

音乐教师是音乐美德的传播者，更要讲究用自身的情绪来感染学生，调动学生的学习积极性。

③故事导入法。

故事在儿童的世界中占有非常重要的作用和地位。他们喜欢听故事，故事也可以激发儿童的创造力。如果能够把故事与教学内容关联起来，那么一定会引起儿童的学习兴趣。故事里的很多内容能够给儿童很大的启发和教育意义，影响孩子的一生。教师可以通过音乐家轶事、音乐作品创作故事或典故、传说等来引入新课，激发学生兴趣，启发学生思维。但典故的选用要恰

当，要有教育性、启发性和趣味性。

④悬念导入法。

促使人去探索、思考的动力是人的好奇心。好奇心能够让学生对新异的事物充满求知的欲望。教师创造的具有悬念的导入，可以让学生快速的对学习内容充满好奇。儿童普遍具有好奇心强、好问的特点，有的甚至喜欢打破砂锅问到底，这是求知欲望的外在表现，是极为可贵的，应大加保护的心理品质。

⑤描述导入法。

教师在导入的时候，可以尝试用描述法导入，用生动、形象的录像和富有感情的语言，将学生的思想感情带入作品所描写的情境之中，引起学生内心世界的共鸣，学生头脑中的固定模式被打破，从多角度思考问题，将有效地启发学生学习音乐构思，开发学生的智力。

⑥图片导入法。

低年级学生由于年龄小，生活经验不足，他们的想象力、思维能力表现偏弱，如在导入部分的设计中利用热情洋溢的导语，凭借多媒体设备用幻灯片或挂图刺激他们的感官，可以丰富孩子们的生活经验，启发他们的想象力，激起学生的情绪和作画的强烈欲望，促进他们在学习中的主动性和创造性。

⑦表演导入法。

表演导入法是指教师运用语言、环境、活动、音乐、绘画、多媒体等手段，创设一种生动感人的教学情境，让学生为之所感，为之所动，激励他们很快地进入新的教学情境。课堂教学导入中教师通过"境"来表现和感染学生的"情"，通过学生的"情"来深化学生的"境"。

2. 提问技能

提问是教学过程中教师和学生之间常用的一种相互交流的教学技能，它在教学中不但使用广泛，为过去和现在的教师所应用，而且同教学本身一样具有悠久的历史。它是教学反馈的方式之一，是师生相互作用的基础，是启发学生思维的方法和手段。

（1）提问的类型。

在教学中，需要学生学习的知识是多种多样的，这就要求教学中提出的问题不能是千篇一律的，应包括多种类型。

检查知识的问题一般只有一个正确答案。学习者用所记忆的知识照原样回答即可，不需要更深入的思考，判断时也较容易，只简单地分为正确或错误，这类问题又称为低级认知提问。创造知识的提问是在学习者的内心引起新知识的提问，通常不是只有一个正确答案，答案需要学生自己思考出，判断时要根据提问的意图，判断答案是否有道理，有无独创性，或者在几个答案中比较哪一个答案更好些。因此，这类问题又称为高级认知提问。

（2）提问要求。

①合理性。

隐含的已知判断必须是学生真正已知的，如果学生还不具备回答问题的"已知"，当然问题也是不合理的。

提问不能无疑而问，如果一个问句中的未知包含在已知之中，则提问也是不合理的。提问不能无从解答。如果问题问得含混不清，而且无从说起，不可回答，这也是不合理的。

②针对性。

提问还要有针对性。一要问在学生有疑处，切合学生求知的需要。二是要在学生无疑处唤起学生新的求知需求。如果尽问些学生本来就懂的东西，就缺乏针对性。问一些答案在课本上写得明明白白的问题，针对性也很差。

③量力性。

解答提问要是学生力所能及的，所谓跳一跳就能摘到果子。教师的提问要符合儿童当前的发展水平，包括接受能力、知识储备水平和认知水平，要引导学生短时间思考后做出回答，教师的提问既要让学生经过短时间内思考回答出来，又不能让学生觉得没有任何难度能够脱口而出，要通过提问让学生感受到思考和理解知识的美妙。

④启发性。

提问是为了启发学生思考，那些不加思索即可回答的提问，就是拙劣的提问。教师的提问要有启发性，要善于抓住问题的关键，循循善诱，激发和调动学生思维的主动性与积极性，使学生悟出真知，得到通过探索获得知识的快乐。

（3）提问的方法。

①直问与曲问。

直问就是直截了当、单刀直入地提出问题，是提问中最常用的方式，这种提问方式可使学生迅速进入思考状态。所谓"曲问"，就是变换提问的角度，问在此而意在彼。

②正问和反问。

从问题的正面提问就是正问，从反面提问则是反问。正问和反问可以帮助学习用正反两种思维对知识进行理解、探究。培养学生的顺向思维和逆向思维。

③宽问与窄问。

宽问指概括地问，窄问即具体地问。宽问居高临下，窄问具体而生动，各有各的作用。

④明问与暗问。

明问是指很明确地发问，这用不着过多解释；暗问是指隐喻地发问。

⑤单问与复问。

单问是单个问题的提问，这在音乐教学中用得很多；复问是围绕一个中心提出几个问题。

⑥快问和慢问。

顾名思义"快问""慢问"都是指提问的速度，两者的侧重点均不一样，"快问"有利于提高学生思维的敏捷性，"慢问"有利于促进学生对重点、难点知识的积极思考和掌握。

3. 结束技能

结束技能指教师通过归纳总结、实践、转化升华等手段，帮助学生及时巩固和系统化学习过的知识和技能，帮助学生有效地将新知识纳入原有的认知结构中。结束技能可有条理地、系统地、完整地概括所教授的知识，总结规律，加深学生对知识的理解。还可以引导学生掌握学习内容，音乐的主题，作者表达的情感基调。

（1）结束技能的基本要求。

①及时性。

记忆需要不断的回忆与巩固才能更深刻。因此，及时小结、周期性地复习能有效帮助实现这个转化，根据教学目的恰当地选用结束的方法，通过结束教学，帮助学生明确教学重点，掌握知识要点，及时巩固、提高所学知识。

②实践性。

适当安排学生进行多练习、口头方式回答和具体应用等实践。思维与实践相互交替，可以提高学生的思维发展能力，从而一方面使得学生对抽象事物的概括能力加强，另一方面也增强了学生的口头表达能力。

③概括性。

课堂小结要紧扣教学内容、知识重点和结构，要把新知识归纳到已有的认知结构中，使所学知识系统化、条理化。小结要精要，要有利于学生回忆、检索和运用。

④紧凑性。

结束时要紧凑，突出重点，不要面面俱到。

⑤多样性。

结束形式应多样化，以增强学生学习兴趣。结束时，应概括出知识结构，深化重要事实，概念和规律。系统化、简约化和有效化的知识网络能帮助学生把零散孤立的知识联系起来，了解概念规律的来龙去脉，这样知识才能融会贯通。

（2）结束技能的类型。

①系统归纳式。

系统归纳式结束教学分为集中小结和系统归类两种。

集中小结是教师或在教师指导下学生归纳总结所学知识的规律、构成，明确知识点之间的相互关系、主线和强化的重点，掌握解决问题的方法。这种方式的结束多用对知识点进行的画龙点睛式的总结，音乐基础知识教学或技能激发教学中经常运用。系统归类，归纳总结不同单元、循序渐进学习到的同一类事物的属性和变化，掌握知识的全貌，概括出零散知识的共同点和规律，帮助学生复习或总结所学知识。归纳总结时可采用讲解、列表、图示等方法。

②巩固练习式。

巩固练习式结束，教师通过提问或小测验，让学生以口头或书面以及操作的形式练习所学知识，从而理解、巩固、消化知识，把知识转化为技能。使用巩固练习式结束，习题设计要紧紧抓住知识点，突出重点（体验）内容，注意启发学生，加强记忆，理解、掌握其内在强弱规律，由浅入深、层

层递进，帮助学生理解和体验节拍的特殊意义及作用，并能创造性地在音乐生活中应用。

③分析比较式。

教师引导学生比较分析新学到的知识、技能与原有的知识技能，或比较分析两种关系比较密切而又不易区分的知识、技能，从中找出知识或技能的本质特征和基本属性、内在联系与区别，从而更准确、清楚、深入地理解、掌握所学知识和技能。

④拓展延伸式。

拓展延伸式结束，教师总结归纳所学知识时要联系其他学科的相关内容或即将接触的学习内容或者生活实际。帮助学生扩展或延伸知识，激发学生学习研究新知识的兴趣，或把前后知识串联起来，使所学知识系统化。

⑤展开活动式。

展开活动式结束，教师根据教学内容的需要把学生组织为小组，开展趣味游戏、知识竞赛、技能表演比赛、观察制作、小组讨论等活动，以巩固、理解、掌握所学知识。

第五章

学前儿童音乐教育评价

为了满足现实教育状况的需求，"学生评价应当以促进学生发展为目标，因此，评价标准要体现多维性和多级性，适应不同个性和能力的学生的音乐学习状况，帮助学生了解自己的学习能力和水平，鼓励每个学生根据自己的特点提高学习音乐的兴趣和能力"。评价在整个教学设计和实施过程中的作用不可小觑。

任何一个系统的有效运作都需要一个发挥自我监督与调控功能的监控成分，学前儿童音乐教育中的评价便承担此项工作。我们把学前儿童音乐教育的评价对象集中于学前儿童音乐能力发展与教育活动过程两方面，评价方面则集中于最常用的观察、测试与等级量表评定三种方法。

第一节　学前音乐教育评价内容及标准

评价内容是指评价的具体范围，评价标准是指评价的尺度，两者构成评价的指标体系。学前儿童音乐教育的评价，我们认为主要包括两个方面：对学前儿童音乐感知与表现能力的评价与对学前儿童音乐教育活动过程的评价。

一、学前儿童音乐感知与表现能力的评价

儿童的艺术能力发展与逻辑能力发展状况有所不同。儿童的逻辑思维发展与生理成熟具有比较明确的对应性，儿童的艺术发展与生理成熟具有一定的对应性但不具有绝对性。一个 3 岁儿童的音乐能力可以超过一个 18 岁的少年。因此，儿童音乐能力评价中的低、中、高指标，无法绝对地与儿童年龄挂钩。就儿童教育机构中的班级而言，儿童艺术能力反映在不同班级中的差

异也很大，小班不一定是低指标、大班不一定是高指标，即低、中、高指标不对应小、中、大班级。总而言之，儿童艺术能力发展不绝对地与年龄发展相对应。艺术能力发展的个体差异相当大，班级差异相当大，这些都是我们在进行艺术发展评价前需要认知的信息。

（一）学前儿童音乐感知能力总的评价内容与标准

学前儿童音乐感知能力的评价内容包括节奏感知能力、旋律、音色、速度、织体、力度、结构和风格，他们按照从高到低的指标进行划分和评价。

1. 节奏感知能力

（1）辨别稳定拍。

（2）辨别疏密节奏型。

（3）强拍与弱拍。

（4）休止符。

2. 旋律

（1）声音的高与低。

（2）旋律的上行与下行。

（3）旋律的级进与跳进。

3. 音色

（1）悄悄话、说话、唱、喊四种音色。

（2）打击乐器的音色。

（3）生活环境中的音色。

（4）自然界的音色。

（5）机器的音色。

（6）钢琴、小提琴、吉他等乐器音色。

4. 速度

（1）快与慢。

（2）渐快与渐慢。

5. 织体

（1）声势、舞蹈中的多层次。

（2）有伴奏与无伴奏比较。

（3）伴奏厚与薄的比较。

6. 力度

（1）轻重。

（2）渐弱、渐强。

7. 结构

（1）模仿句。

（2）重复句。

（3）喊答句。

（4）主副歌。

（5）三段体、回旋体。

（6）引子。

8. 风格

（1）摇篮曲。

（2）进行曲。

（3）舞曲。

（二）学前儿童音乐表现能力总的评价内容与标准

1. 节奏

（1）稳定的节拍——身体移动动作。

（2）疏密节奏型——手的动作、身体动作、歌唱。

（3）强拍与弱拍——身体移动动作、歌唱。

（4）休止符——身体移动动作、歌唱。

2. 旋律

（1）声音的高与低——讲故事、身体动作、歌唱。

（2）旋律的上行与下行——身体动作、歌唱。

（3）旋律的级进与跳进——身体动作、歌唱。

3. 音色

（1）悄悄话、说话、唱、喊四种音色——说、歌唱。

（2）打击乐器的音色——说、演奏打击乐、即兴创作。

（3）生活环境中的音色——说、演奏打击乐、即兴创作。

（4）自然界的音色——说、演奏打击乐、即兴创作。

（5）机器的音色——说、演奏打击乐、即兴创作。

（6）钢琴、小提琴、吉他等器乐音色——说、身体动作、演奏打击乐。

4. 速度

（1）快与慢——身体动作、演奏打击乐、即兴创作。

（2）渐快与渐慢——身体动作、演奏打击乐。

5. 织体

（1）声势、舞蹈中的多层次——说、身体动作。

（2）有伴奏与无伴奏比较——身体动作、即兴创作。

（3）伴奏厚与薄的比较——身体动作、即兴创作。

6. 力度

（1）轻重——身体动作、歌唱、演奏打击乐、即兴创作。

（2）渐弱渐强——身体动作、歌唱、演奏打击乐、即兴创作。

7. 结构

（1）模仿句——歌唱、身体动作、打击乐演奏。

（2）喊答句——身体动作、歌唱、打击乐演奏。

（3）重复句——身体动作、歌唱、打击乐演奏。

（4）主副歌——身体动作、歌唱。

（5）引子——打击乐演奏、即兴创作。

8. 风格

（1）摇篮曲——身体动作、歌唱、说。

（2）进行曲——身体动作、歌唱、说。

（3）舞曲——身体动作、歌唱、说。

（三）在不同教育活动内容版块中音乐表现能力的评价内容与标准

1. 歌唱教育活动中的评价内容与标准

幼儿园歌唱教育活动中的评价内容包括儿童歌唱能力与在活动过程中的学习品质，具体标准如表5-1和表5-2所示。

表 5-1　儿童歌唱能力评价指标

演唱特征	标准（指标）	等级		
		好	中	差
声音与表情	1. 用自然声音歌唱			
	2. 有自然的脸部表情			
	3. 有松弛的身体姿态			
表现力	1. 有轻重表现力			
	2. 有快慢表现为			
	3. 有开始与结束感			
句子	1. 能自如地分句呼吸			
	2. 有意识地进行句子的起落			
节奏	1. 能解决弱起等节奏难点			
	2. 具有拍韵			
旋律	1. 旋律轮廓清晰			
	2. 具有调性感			

注　差：做不到；中：有时做到有时做不到；好：自始至终能做到。

表 5-2　儿童在活动过程中的学习品质评价指标

标准（指标）	等级
参与歌唱活动的行为	1. 犹豫不决或不愿意
	2. 参与
	3. 热情地参与
活动中的注意力、专注力	1. 非常容易被其他人、事、物分散精力
	2. 有时候能够集中注意力
	3. 坚持、专注于活动
活动中的目标意识	1. 围绕个人目标而非教学任务面活动
	2. 在个人目标与教学任务之间摇摆不定
	3. 有效地完成教学任务
活动中的持续性	1. 对任务的关注非常任意，没有持续迹象
	2. 断断续续
	3. 始终关注

2. 欣赏教育活动中的评价内容与标准

幼儿园欣赏教育活动中的评价内容包括：节奏能力、即兴动作表演能力与在活动过程中的学习品质。节奏能力与即兴动作表演能力的具体标准如

表5-3和表5-4所示。在活动过程中的学习品质的评价表与歌唱教育活动相同，不再重复呈现。

表5-3　儿童节奏能力评价指标（1）

音乐特征	标准（指标）	等级		
		好	中	差
拍子	1. 脚步合拍			
	2. 动作松弛			
节奏型	1. 保留教师动作中的节奏型			
	2. 改变教师动作中的节奏型			
句子	1. 动作具有清晰的句型			
	2. 有意识地进行句子的起落			
段落	1. 不同段落之间衔接自如			
	2. 表达段落间不同的音乐风格			
引子尾声	1. 能做到在引子处等待			
	2. 尾声处做完最后一个音的动作			

注　差：做不到；中：有时做到有时做不到；好：自始至终能做到。

表5-4　儿童即兴动作表演能力评价指标

项目	音乐特征	标准（指标）	等级		
			好	中	差
音乐特征	拍子	1. 脚步合拍			
		2. 动作松弛			
	节奏型	1. 有自己的动作节奏型			
		2. 表达有特点的音乐节奏型			
	句子	1. 动作具有清晰的句型			
		2. 有意识地进行句子的起落			
		3. 音乐句子重复，动作重复			
		4. 对比句的动作能有对比性			
	段落	1. 段落转换自如			
		2. 用不同风格的动作表达不同音乐风格的段落			
	引子尾声	1. 能做到在引子处等待			
		2. 尾声有结束性的动作			

续表

项目	音乐特征	标准（指标）	等级		
			好	中	差
动作特征	空间	1. 能利用自我空间			
		2. 能利用集体空间			
	层次	能用低、中、高三层次			
	类型	1. 移动、非移动动作结合			
		2. 身体、四肢结合			
	意义	1. 动作具有再现性			
		2. 动作具有表现性			
	合作性	1. 具有合作性动作			
		2. 具有目光交流意识			

注 差：做不到；中：有时做到有时做不到；好：自始至终能做到。

3. 打击乐教育活动中的评价内容与标准

幼儿园打击乐教育活动中的评价内容包括：节奏能力、即兴打击乐器表演能力与在活动过程中的学习品质。节奏能力与即兴打击乐器表演能力的具体标准如表5-5和表5-6所示。

表5-5 儿童节奏能力评价指标（2）

音乐特征	标准（指标）	等级		
		好	中	差
音色	1. 选择的乐器符合音乐中的音色要求			
	2. 段落之间具有音色变化			
拍子	1. 演奏合拍			
	2. 演奏动作松弛			
节奏型	1. 演奏具有清晰的节奏型			
	2. 有节奏型意识			
句子	1. 演奏具有清晰的句型			
	2. 有意识地进行句子的起落			
段落	用不同音色表达不同音乐风格的段落			
力度	演奏具有轻重变化			
织体	演奏时具有倾听别人声音的意识			

注 差：做不到；中：有时做到有时做不到；好：自始至终能做到。

表 5-6　儿童即兴打击乐器表演能力评价指标

项目	音乐特征	标准（指标）	等级		
			好	中	差
音乐特征	音色	1. 选择的乐器符合音乐中的音色要求			
		2. 段落之间具有音色变化			
	拍子	1. 演奏合拍			
		2. 动作松弛			
	节奏型	1. 有自己的固定节奏型			
		2. 表达有特点的音乐节奏型			
	句子	1. 演奏具有清晰的句型			
		2. 有意识地进行句子的起落			
	段落	用不同音色表达不同音乐风格的段落			
	力度	具有轻重变化			
	织体	1. 具有倾听别人声音的意识			
		2. 演奏出与他人进行对比的节奏型			
演奏特征	音色	1. 演奏出好听的声音			
		2. 一种乐器演奏出多种音色			
	类型	各种乐器使用自如			
	意义	1. 演奏具有节奏型再现			
		2. 演奏具有轻重表现			
	合作性	主动进行乐器交换			
	专注度	参与小组讨论			
		演奏能专注			

注　差：做不到；中：有时做到有时做不到；好：自始至终能做到。

4. 集体舞教育活动中的评价内容与标准

幼儿园集体舞教育活动中的评价内容包括：节奏能力、集体舞表演能力与在活动过程中的学习品质。节奏能力与集体舞表演能力的具体标准如表 5-7 和表 5-8 所示。

表 5-7 儿童节奏能力评价指标 (3)

音乐特征	标准（指标）	等级		
		好	中	差
拍子	1. 脚步合拍			
	2. 动作松弛			
节奏型	1. 保留教师动作中的节奏型			
	2. 改变教师动作中的节奏型			
句子	1. 动作具有清晰的句型			
	2. 有意识地进行句子的起落			
段落	1. 不同段落之间衔接自如			
	2. 表达出段落间的不同音乐风格			
引子尾声	1. 能做到在引子处等待			
	2. 尾声处做完最后一个音的动作			

注 差：做不到；中：有时做到有时做不到；好：自始至终能做到。

表 5-8 幼儿集体舞表演能力评价指标

项目	音乐特征	标准（指标）	等级		
			好	中	差
音乐特征	拍子	1. 脚步合拍			
		2. 动作松弛			
	节奏型	1. 有自己的动作节奏型			
		2. 表达有特点的音乐节奏型			
	句子	1. 动作具有清晰的句型			
		2. 有意识地进行句子的起落			
		3. 音乐句子重复，动作重复			
		4. 对比句的动作能有对比性			
	段落	1. 段落转换自如			
		2. 用不同风格动作表达不同音乐风格的段落			
	引子尾声	1. 能做到在引子处等待			
		2. 尾声有结束性的动作			

项目	音乐特征	标准（指标）	等级		
			好	中	差
动作特征	空间	1. 能利用自我空间			
		2. 能利用集体空间			
	层次	能用低、中、高三层次			
	类型	1. 移动、非移动动作结合			
		2. 身体、四肢结合			
	意义	1. 动作具有再现性			
		2. 动作具有表现性			
	合作性	1. 具有合作性动作			
		2. 具有目光交流意识			
队形特征	转换	1. 无方向性障碍			
		2. 无动作障碍			
	调整	1. 能调整自己的站位			
		2. 能调整自己的动作			

注　差：做不到；中：有时做到有时做不到；好：自始至终能做到。

二、学前儿童音乐教育活动过程的评价

对学前儿童音乐教育活动过程的评价包括对教师、学前儿童及其他方面的评价。下面我们着重阐述学前儿童音乐教育活动过程中有关教师与儿童课堂行为的评价内容。

（一）教师课堂行为评价

1. 关于学前音乐学科知识
（1）教师对音乐符号的示范与表达是准确的
对音乐符号的示范与表达准确。
对视觉符号的示范与表达准确。
对语言符号的示范与表达准确。
（2）教师对音乐符号做出的转换是准确与合理的
音乐符号准确地转换成视觉符号。
音乐符号准确地转换成运动觉符号。

音乐符号合理地转换成语言符号。

（3）音乐活动展开的进度适合活动目的。

活动内容都是围绕音乐感受与表现展开与深入。

2. 关于儿童的知识

（1）教师向儿童展示的内容适合当下儿童的发展水平。

教师抛出的教学任务与儿童艺术和学习能力相一致。

教师教学任务抛出的顺序与儿童艺术和学习能力相一致。

（2）艺术综合活动展开的进度符合儿童发展水平与需要

活动展开的进度符合儿童发展水平。

活动展开的进度符合儿童需要。

3. 教学组织、方法与互动

（1）教师以唤起儿童兴趣的方式开始教学

教师以唤起儿童艺术共性学习兴趣的方式开始教学。

教师以唤起儿童艺术共性思维的方式开始教学。

（2）教师积极投入活动的时间比值

教师积极投入活动的时间比值。

（3）教师的管理策略提高了艺术综合活动的质量

教师在活动之前对课堂所用材料已准备充分。

教师有效组织儿童进入艺术综合教学的每个环节。

教师精心安排了互动，有效维持了儿童的参与热情。

（4）就儿童发展水平、需要以及活动目标而言，教师使用适合的教学方法

教学方法与教学目标相匹配。

教学方法维持了儿童身体与思维的双参与。

向儿童提供了必要、合理的支持。

（5）教师帮助和支持了回答者或表现者的思维或行动

提醒儿童相似的艺术特征或表现特征。

提供背景知识。

4. 期望

（1）教师认可儿童的努力、坚持和专注

教师使用的语言认可行为。

教师使用的非语言认可行为。

（2）教师对儿童有较高的学习期望，且期望合适

教师要求所有儿童在艺术综合活动中不仅身体参与并且思维参与，鼓励儿童回答问题、主动探索。

5. 引导儿童思维参与

（1）教师要求儿童分享、澄清、调整对某一问题的想法

教师使用一系列提问发展和挑战儿童的思维。

教师鼓励儿童解释他们自己的想法。

教师使用"为什么？""你是如何……""你可以……"等引导性问话。

（2）教师促进儿童的回应

教师为一个问题引出很多解决方法。

鼓励儿童再次丰富自己的回答。

教师很耐心地倾听儿童的回答。

对儿童的回应做出反馈，并恰当地成为全班学习的机会。

（3）教师鼓励儿童聆听同伴的想法并对同伴的想法进行评价

教师积极引导儿童之间的交流。

教师加强儿童聆听他人想法与建议的意识。

6. 支持儿童的艺术理解与表现

（1）教师支持和帮助了听者或看者的理解

要求不同的儿童解释同伴的方法或表现。

鼓励儿童用他们自己的语言进行解释，或者提供另一种表现。

（2）教师给予了"刚刚足够"的帮助

教师为儿童提供不多、也不少的帮助或者信息。

7. 扩展儿童的艺术理解与表现

（1）教师归纳并详细说明儿童对艺术共性的理解与表现

教师复述了儿童的说法，再现或提炼了儿童的表现手法。

（2）教师鼓励艺术共性的回忆和思考

在活动的过程中或者结尾总结出艺术综合活动的关键经验。

帮助儿童把艺术共性学习和其他活动联系在一起，或者和儿童现实生活中的经验联系在一起。

8. 教学评估与调整

（1）教师对儿童进行观察和聆听，并根据儿童的需要而调整教学任务。

（2）教师考虑到不同儿童之间的能力差异和发展水平上的差异，从而调整任务和讨论。

（二）儿童课堂行为评价

在音乐教育活动中，儿童课堂行为体现在音乐能力与学习品质两方面。对音乐的感知与表现能力，我们在本节第一目的能力评价中已经单独阐述，不在这里赘述。在此，儿童课堂行为评价单指课堂教学过程中儿童表现出来的学习品质。

1. 儿童的好奇心与兴趣

（1）活动中，儿童是否会提出问题。

（2）面对教师提问的反应。

（3）回答教师提问的情况。

（4）是否愿意跟随或按照教师的要求去做。

（5）儿童对导入活动的反应。

2. 儿童的主动性

（1）能否主动回答教师的提问。

（2）面对教师的提问或要求时能否做到独立思考。

（3）面对较难问题和困难任务时的表现。

3. 儿童的坚持与专注

（1）活动开始时儿童的投入程度。

（2）儿童对整个活动的专注程度。

（3）儿童能否坚持完成整个活动任务。

（4）在完成任务的过程中，若遇到不顺利，儿童会有怎样的表现。

4. 儿童的想象与创造

（1）活动中，儿童如何表达自己的想法。

（2）能否观察模仿教师的示范。

（3）活动中的艺术表达能力。

5. 儿童的合作

（1）活动中，儿童同伴之间是否有肢体和眼神的交流。

（2）儿童能倾听他人的谈话或关注他人的行为。

（3）儿童能否对同伴进行积极评价。

三、对教师教学能力的评价

幼儿园教育活动是由教师、儿童、教育活动目标、内容、手段与组织形

式、环境等诸多要素构成，教师和儿童是两个紧密联系、互为主体且不断相互作用的要素。

从教师角度来评价教育活动，主要内容包括教育活动的目标、内容、方法手段、组织形式、资源利用、环境创设等。

（一）对教育活动目标的评价

目标既是开展教育活动的出发点，又是开展教育活动的归宿，它既明确了教育活动的预期效果，也是教育活动的内容、选择、方法运用，效果评价的基础和依据。因此，明确教育活动目标的过程，也就是精选教育活动内容、优化活动方式的过程。对教育活动目标的评价主要包括目标的表述方式、表述内容和表述指向等方面。主要从统一性、整合性、针对性和可操作性四个角度进行。

1. 统一性

统一性体现在要统一从儿童发展的角度来制定教育活动目标。目标的陈述事以儿童为主体的动词来表述。而不是随意性的、混合型的目标表述。如体验、喜欢、对某件事物有兴趣等表述儿童的情感态度目标。

2. 整合性

整合性是指首先是指一个领域的目标在多个领域或活动中体现，如某一个领域的活动目标要在其他活动领域中得到整合；还可以是某一个领域的教育活动同时包含了其他多个领域的发展内容，如在语言领域为主的活动中也包括社会领域的目标。

3. 针对性

针对性是设定教育活动目标时要充分考虑儿童的身心发展水平和年龄特点，要根据所教班级的整体水平、个体差异的需要，充分认识到儿童的发展存在差异性，而且这种差异性时普遍存在的，要求教师因材施教，符合儿童的最近发展区。

4. 可操作性

操作性是指教育活动的目标应该具体明确，可操作性的，便于教师和评价者的观察、鉴定和评价。

（二）对教育活动内容的评价

对教育活动内容的评价主要从内容的适宜性、有效性、针对性、挑战性、多元性、整合性、自然性、开放性几方面进行。

1. 适宜性、有效性

主要是指教育活动的目标是否是教育活动的依据，内容的选择是否符合儿童的年龄特点，是否尊重了儿童的身心发展特点和认知水平，以及他们的学习喜好和需要。要以儿童的角度来选择教育活动内容。这样才更有利于儿童获得学习经验和相应的发展。

2. 针对性、挑战性

主要指是否能够关注儿童已有的生活经验，并对儿童的已有生活经验进行整合。是否把握运用儿童已有经验的基础上帮助儿童获得个学习活动中的各领域的基本经验。要让教育活动充满针对性和挑战性，帮助引导儿童实现"最近发展区"的提升。

3. 多元性、整合性

指教育各领域的发展经验相互融合、整合到一起。某一个发展领域的内容结合其他领域的某些方面进行融合，统一到一个教育主题上来。整合到一起的内容之间应该有相互的关联和内在逻辑的贯穿，是一种多元性的有效的整合。

4. 自然性、开放性

在儿童教育"回归自然，回归生活"的大背景下，教育活动的内容包括逻辑严密完整的学科知识体系的教育和学习，要有知识的量和深度，但是现在不仅仅要求知识的量和深度还包括学习内容的广度和知识的关联性。更强调知识经验的结合作用于儿童的现实生活中，相对应的将儿童现实生活中的经验反应到教育活动内容上来。提高儿童学习的愉悦性、创造性和有效性。

（三）对教育活动方法的评价

对教育活动方法的评价主要看教师在组织教育活动时运用的教学方法、手段、以及活动的设计是否符合儿童的身心发展特点，是否照顾到了不同的儿童，尊重儿童发展的差异性，是否能够促进儿童在原有学习经验的基础上积累新的学校经验，并且采用的教学方法要于教学内容相符合，活动中教师的提问是否有效等，即主要表现在教育活动方法的适宜性、有效性方面。

1. 适宜性

幼儿园教育活动中常用的教学方法有游戏法、情景法、模仿法、谈话法、操作法、故事法、发现法、探究实验法、展示交流法等。

首先看教师在教学方法的选择与运用上能否充分了解每种教学方法的特

点、功能，局限性以及与教育内容、儿童年龄特点的相宜程度，在此基础上进行合理，灵活而优化的使用。其次，还要评价教师是否能够在采用适宜的教学方法的同时，推动儿童自主构建知识，引导儿童把已有经验和新经验整合，是将教学内容转化为儿童感知、体会、探究的过程。

2. 有效性

（1）对儿童经验的提升。

在集体教育活动中，教师在选择和运用谈话、情景体验、发现、讨论等教学方法中就应当结合恰当的教育时机，帮助儿童梳理、整合、提升与拓展经验。

（2）对提问策略的把握（提问的有效性）

表现在：

①提问的形式灵活、多变。可以运用启迪式提问、角色换位式提问、开放式提问等。

②要有艺术的提问，提问的问题要有针对的目的。

③教师是否能够引导儿童产生疑问，启发儿童积极思考，允许儿童在教育活动中选择适合自己的形式和方法进行学习。要通过多种形式保证在教学活动过程中有良好的师生互动和生生互动。

（四）对教育活动环境材料的评价

环境和材料的创设是教育活动中很重要的一个方面，是教师在一定的目标和内容预设前提下进行的活动，因此，对教师"教"的评价，还有一项不可或缺的内容是活动环境材料的创设。相宜性、启发性、多样性、开放性是对教育活动环境材料的评价。

1. 相宜性、启发性

（1）必须与活动的目标定位，内容主题相适宜，即环境和材料的设定是能够为目标的达成和内容的学习与体验所服务的，而不是为了形式上的材料和环境的创设。

（2）环境与材料的呈现方式是与儿童的年龄特点和主题内容相吻合和一致的，而不只是为了新奇与丰富。

（3）环境和材料具有启发性，是否能促进儿童概念建构、探索发现、认知冲突、积极思维等更显其价值。

2. 多样性、开放性

随着现代化教育手段和多媒体课件的广泛运用，教师可以尽可能地调动和布置多种资源和环境，更多样而开放地设计和使用环境与材料。但也必须从环境、材料在实际教学运用中的功能和价值出发，把握好"度"。

如远离儿童生活经验或背景，或是跨越时空，或是儿童难以理解的内容，教师均可充分利用多媒体技术，采用录像、课件等方式展示教学内容；学习内容贴近儿童生活或预知大部分儿童有相关经验背景时，教师则可利用照片、图画等平面环境服务于教学。

第二节　学前音乐教育评价方法

学前儿童音乐教育评价方法是多种多样的，最常用的方法有观察法、测试法与等级量表评定法。

一、观察法

观察法是指有目的、有计划地对艺术活动中的儿童进行即时观测，并对观测结果做出一定评估的方法。通过观察，教师可以获取来自儿童多方面的反馈信息，这不仅能使教师真实地了解到每个儿童的艺术发展水平和能力，而且能帮助教师从观察结果中更好地反思教育活动进程与儿童的适宜度，从而及时有效地调整和改进活动内容、方法与组织形式。

使用观察法进行评价，一般从两个途径展开：第一，自然观察，指教师在儿童的日常生活中、在儿童真实自然的自发艺术活动中进行儿童行为、表现的观察评价。教师的任务是在观察前明确所要观察的内容，并在观察中做好相应的记录。自然观察的优势在于不受条件限制，可以随时、随地、随机地进行，具有比较明显的灵活性；但也正是这种环境、时间、空间的不受控制性，通常情况下，都会影响观察积累的效果；第二，观察人为创设的环境。教师需要特意组织一个教学活动，根据评价指标体系的要求，去观察日常生活中比较难观察到的儿童的行为表现。这样可以引导儿童自然的表现，从而观察到各方面的发展情况。这种观察来自一个具体创设的环境，其效果会比自然观察好。

"学前儿童音乐感知与表现能力的评价"中的大部分内容可以通过观察法完成并获得评价结果，有的可以通过自然观察完成，有的需要创设活动情境进行观察并获得观察结果。观察法是各类评价方法的基础部分，下面介绍

的测试法与等级量表评定法都是基于观察法而形成的。

二、测试法

测试法是通过标准化的测量工具或自行设计和编制的艺术能力测验，对儿童的音乐能力发展做出科学评价的一种方法。一般而言，测试法多引用权威机构或专家编制的标准化测验项目和试题，能比较真实而客观地反映出测试对象的原始情况，但由于儿童年龄小，文字化的试题不适合他们，所以多用表现性的测验项目。测试法的优势在于科学性较强，特别适用于不同年龄儿童或个别儿童各项艺术能力发展水平、特点、趋势和差异的评估。我们以"儿童音乐动作表现力"的测试为例，说明如何通过表现性的艺术活动测试儿童的音乐发展状况。儿童音乐动作表现力评价指标，如表5-9所示。

表5-9 儿童音乐动作表现力评价指标

儿童姓名： 性别： 年龄： 观察日期： 观察时间：

项目	音乐特征	标准（指标）	等级		
			好	中	差
音乐特征	拍子	1. 上肢合拍			
		2. 脚步合拍			
		3. 动作松弛			
	节奏型	1. 有自己的动作节奏型			
		2. 表达有特点的音乐节奏型			
	句子	1. 动作具有清晰的句型，有意识地进行句子的起落			
		2. 音乐句子重复，动作重复			
		3. 对比句的动作能有对比性			
	段落	1. 段落转换自如			
		2. 用不同风格的动作表达不同音乐风格的段落			
	引子尾声	1. 能做到在引子处等待			
		2. 尾声有结束性的动作			

续表

项目	音乐特征	标准（指标）	等级		
			好	中	差
动作特征	空间	1. 能利用自我空间			
		2. 能利用集体空间			
	层次	能用低、中、高三层次			
	类型	1. 移动、非移动动作结合			
		2. 身体、四肢结合			
	意义	1. 动作具有再现性			
		2. 动作具有表现性			
	合作性	1. 具有合作性动作			
		2. 具有目光交流意识			

注 差：做不到；中：有时做到有时做不到；好：自始至终能做到。

以上是儿童音乐表现力的测试工具，教师在测试前需要完成的任务：①理解与熟悉此工具所有指标内容的含义与打分标准；②找到一首适合儿童即兴表演的乐曲，可以是包含音乐风格对比强烈的 AB 两段体乐曲，也可以是 ABA 三段体乐曲。儿童可以四人为一组进行动作即兴表演活动，教师通过观察儿童的即兴表演为每一个儿童打分。

使用测试法的研究案例："大班儿童音乐教育的教学实验研究"，结合文献资料和实验的研究结果，设计旨在提升儿童音乐表现力的 12 个音乐教育活动课例，对某幼儿园某大班 5~6 岁儿童进行幼儿园音乐教育活动的教学实践研究。其中，一半儿童为实验组采用专门设计的 12 个音乐教育活动课例；另一半儿童为对照组按常规音乐教学方式展开教学活动，通过测试课程实施前后儿童音乐表现力以及活动中儿童学习过程的表现，分析讨论音乐教育活动课程实践研究对儿童音乐表现力、认知、情感表现方面的发展状况。

在这里，我们只分析此研究中使用"儿童音乐表现力"工具，对儿童进行前测后测的过程与前后测的统计结果。

（一）前测后测的过程描述

1. 前测

音乐材料：前测选择的乐曲为《瑶族舞曲》，此曲为 ABA 三段体，其中

AB 两段音乐风格迥异，比较适合儿童进行身体动作的表现。

测试过程：

（1）共七位研究者进场，一位研究者与儿童互动、放音乐、指导儿童进行表演，六位研究者对儿童进行观察打分，同时请原任教师拍摄录像。

（2）为儿童随机编号，并让儿童挂上号牌。儿童四人一组进场，跟随音乐进行表演。

2. 后测

音乐材料：后测选择的乐曲为《喜洋洋》，此曲为 ABA 三段体，其中 AB 两段音乐风格迥异，比较适合儿童进行身体动作的表现。

测试过程：

（1）研究者的情况与前测相同。

（2）儿童的测试场景与前测相同，需要注意的是后测时儿童的编号与前测相同。

（二）前测后测的统计结果与分析

1. 前测统计结果与分析

（1）音乐特征前测。

在前测中主要利用测量工具"儿童音乐表现力评价表"对儿童进行音乐表现特征的测量。把班级儿童按照单双号随机分组测量，采用独立样本 t 检验，对比两组儿童在前测中音乐表现力中音乐特征的平均分，如表 5-10 所示。

表 5-10　儿童音乐特征前测 t 检验

分组	人数	平均数	标准差	t 检验
实验组	14	4.18	1.482	-1.390
对照组	14	4.90	1.027	

从表 5-10 可以看出，前测时，对儿童音乐表现力中的音乐特征的测量中，实验组和对照组的得分，进行 t 检验后，差异不显著（ $t = -1.390$ ， $p = 0.159 > 0.05$ ），因此，可以认为在实验教学干预前，实验组和对照组的儿童在音乐表现力中的音乐特征的发展上是同质的，可进行教学实验。

（2）动作特征前测

在前测中主要利用测量工具"儿童音乐表现力评价表"对儿童进行音乐

表现力中动作特征的测查。把班级儿童按照单双号随机分组测量，采用独立样本 t 检验，对比两组儿童在前测中节奏感即兴动作特征的平均分，如表 5-11 所示。

表 5-11　儿童节奏感即兴动作特征前测 t 检验

分组	人数	平均数	标准差	t 检验
实验组	14	5.27	1.219	0.279
对照组	14	5.14	1.015	

从表 5-11 中可以看出，前测时，对儿童音乐表现力中的动作特征的测量中，实验组和对照组的得分，进行 t 检验后，差异不显著（ $t=0.279$ ， $p=0.7822>0.05$ ），因此，可以认为在实验教学干预前，实验组和对照组的儿童在动作特征的发展上是同质的，可进行教学实验。

前测中，实验组和对照组儿童在音乐表现力的音乐特征和动作特征上，均不存在显著性差异，可以进行教学实验。教学实验后分别比较实验组前后测和对照组前后测间的差异，以及两组前后测间的差异。

2. 前后测统计结果与分析

（1）实验组。

①音乐特征前后测。

比较实验组前后测音乐特征测量的平均分，分析实验组前测和后测的音乐特征水平是否存在显著差异，采用相关样本 t 检验。

表 5-12　实验组儿童音乐特征前后测 t 检验

测试项目	前后测	平均数	标准差	DF	t 检验	p
音乐总特征	前测	1	0.354	13	-6.908	0.000
	后测	1.72	0.185	13		
拍子	前测	1.19	0.375	13	-3.089	0.013
	后测	1.7	0.27	13		
节奏型	前测	1.23	0.474	13	-2.762	0.022
	后测	1.65	0.316	13		
句子	前测	0.99	0.403	13	-7.476	0.000
	后测	1.79	0.163	13		

续表

测试项目	前后测	平均数	标准差	DF	t 检验	p
段落	前测	0.91	0.497	13	−5.933	0.000
	后测	1.80	0.214	13		
引子和尾声	前测	0.59	0.312	13	−11.597	0.000
	后测	1.63	0.144	13		

从表 5-12 中可以看到，实验组在教学实验前后，音乐特征的测量结果呈现出极其显著性差异（$t = -6.908$，$p = 0.000 < 0.001$）。实验组儿童音乐特征后测得分明显高于前测。通过对数据进行详细分析后发现，在教学实验前后，实验组儿童在拍子、节奏型、句子、段落以及引子和尾声等方面的得分均存在显著性差异，且后测得分高于前测。

②动作特征前后测。

比较实验组前后测动作特征的平均分，分析实验组前测和后测的动作特征水平是否存在显著差异，采用相关样本 t 检验。

从表 5-13 中可以看出，实验组在教学实验前后，在音乐表现力动作特征的测量方面，测量结果呈现出极其显著性差异（$t = -7.384$，$p = 0.000 < 0.001$）。实验组儿童动作特征上的得分明显高于前测。通过对数据进行详细分析后发现，在教学实验前后，实验组儿童在空间、层次、类型、意义等方面的得分均存在显著性差异，且后测得分高于前测。

从以上结果可以看出艺术综合教育活动 12 个课例的实施，对实验组儿童音乐表现力发展产生了促进作用。

表 5-13　实验组儿童节奏感动作特征前后测 t 检验

测试项目	前后测	平均数	标准差	DF	t 检验	p
节奏感动作总特征	前测	1.27	0.278	13	−7.384	0.000
	后测	1.86	0.076	13		
空间	前测	1.38	0.333	13	−4.755	0.001
	后测	1.89	0.71	13		
层次	前测	0.75	0.333	13	−9.348	0.000
	后测	1.68	0.169	13		
类型	前测	1.55	0.244	13	−6.708	0.000
	后测	1.86	0.208	13		

续表

测试项目	前后测	平均数	标准差	DF	t 检验	p
意义	前测	1.23	0.432	13	-4.722	0.001
	后测	1.94	0.843	13		

（2）对照组。

①音乐特征前后测

比较对照组前后测音乐特征测量的平均分，分析对照组前后测的音乐特征水平是否存在显著差异，采用相关样本 t 检验。

从表 5-14 中可以看到，对照组在教学实验前后，儿童音乐特征的测量结果同样存在显著性差异（$t=1.786$，$p=0.049<0.05$）。通过进一步数据分析发现，其中拍子、节奏型、引子和尾声维度差异显著，且后测得分高于前测。句子、段落维度差异不显著，然而通过比较均分发现，后测得分高于前测，可以认为在这两个维度上有提高的趋势。因此，这一结果表明常规艺术教学活动，对儿童的拍子、节奏型以及引子和尾声方面有很好的促进作用，对句子与段落的促进作用不明显。

表 5-14　对照组儿童节奏感音乐特征前后测样本 t 检验

测试项目	前后测	平均数	标准差	DF	t 检验	p
节奏感动作总特征	前测	0.89	0.257	13	1.786	0.049
	后测	1.23	0.579	13		
拍子	前测	1.00	0.31	13	1.762	0.044
	后测	1.54	0.586	13		
节奏型	前测	0.94	0.321	13	2.151	0.041
	后测	1.31	0.600	13		
句子	前测	0.87	0.323	13	2.499	0.082
	后测	1.18	0.659	13		
段落	前测	0.82	0.303	13	1.888	0.083
	后测	1.22	0.532	13		
引子和尾声	前测	0.72	0.312	13	-0.487	0.035
	后测	1.41	0.144	13		

②动作特征前后测

比较对照组前后测动作特征测量的平均分，分析对照组前后测的动作特

征水平是否存在显著差异，采用相关样本 t 检验。

从表 5-15 中可以看到，对照组在教学实验前后，动作特征的测量结果没有呈现出显著性差异（$t = 2.304$，$p = 0.051 > 0.05$）。通过进一步数据分析发现，其中只有"意义"维度差异显著，且后测得分高于前测。其他几个维度均没有呈现出显著性差异，然而通过比较均分发现，后测得分高于前测，可以认为在这四个维度上有提高的趋势。因此，这一结果表明常规艺术教学活动对儿童动作能力发展效果不显著。

表 5-15　对照组儿童节奏感动作特征前后测 t 检验

测试项目	前后测	平均数	标准差	DF	t 检验	p
节奏感动作总特征	前测	0.99	0.254	13	2.304	0.051
	后测	1.19	0.505	13		
空间	前测	0.98	0.359	13	3.829	0.502
	后测	1.12	0.53	13		
层次	前测	0.65	0.28	13	−0.485	0.636
	后测	0.73	0.515	13		
类型	前测	1.05	0.208	13	4.08	0.402
	后测	1.27	0.553	13		
意义	前测	0.92	0.252	13	2.287	0.041
	后测	1.92	0.596	13		

3. 后测统计结果与分析

（1）音乐特征后测比较。在实施不同课程的教学后，对实验组和对照组儿童的音乐特征进行测量，采用单因素方差分析，结果呈现显著性差异 $F_{(1, 25)} = 25.266$，$p < 0.050$ 通过进一步多元方差分析的事后检验发现：

从表 5-16 中可以看出，对儿童音乐特征后测测量中，实验组与对照组存在显著性差异，这说明两种课程的实施，在儿童音乐特征方面起到的作用是有差别的，接下来的事后检验发现，两组儿童在节奏型、句子、段落三个维度上呈现出显著性差异并且从均分上来看，实验组要高于对照组。因此，我们在某种程度上可以认为，艺术综合教育活动课例在促进儿童节奏感、句子和段落方面的发展要好于常规艺术活动课例。而在拍子、引子和尾声两个维度上二者并没有呈现显著性差异，但实验组的均分略高于对照组，因此可以认为艺术综合教育活动课例在促进儿童拍子、引子和尾声发展上有比较好的趋势，但效果并不明显。

表 5-16　儿童音乐特征后测多元方差分析

音乐特征	分组	平均数	标准差	F	p
拍子	实验组 对照组	1.69 1.54	0.267 0.563	15.239	0.062
节奏型	实验组 对照组	1.65 1.31	0.297 0.583	15.588	0.001
句子	实验组 对照组	1.79 1.18	0.149 0.593	29.923	0.000
段落	实验组 对照组	1.81 1.22	0.203 0.644	27.989	0.048
引子和尾声	实验组 对照组	1.63 1.41	0.141 0.532	29.200	0.052

（2）动作特征后测比较。在实施不同课例教学后，对实验组和对照组儿童动作特征进行测量，采用单因素方差分析，结果呈现显著性差异 $F_{(1, 25)} = 36.299$，$p < 0.001$。通过进一步进行多元方差分析的事后检验发现：

从表 5-17 中可以看出，在对儿童动作特征后测测量中，实验组与对照组存在显著性差异，这说明两种课程实施在儿童动作特征方面起到的作用是有差别的。接下来的事后检验发现，两组儿童在空间、层次、类型三个维度上呈现出显著性差异；并且从均分上来看，实验组要高于对照组。因此，在某种程度上可以认为，艺术综合教育活动课例在促进儿童空间、层次、类型方面的发展要好于常规艺术教学活动。而在"意义"这个维度上二者并没有呈现显著性差异，二者的均分几乎一致。因此可以认为，艺术综合教育活动课例与常规艺术教学活动课例在促进意义这个维度的发展上，二者效果相当。

表 5-17　儿童节奏感动作特征后测多元方差分析

动作特征	分组	平均数	标准差	F	p
空间	实验组 对照组	1.89 1.12	0.163 0.518	31.629	0.000
层次	实验组 对照组	1.68 0.73	0.199 0.499	35.050	0.000

续表

动作特征	分组	平均数	标准差	F	p
类型	实验组	1.86	0.191	25.579	0.000
	对照组	1.27	0.543		
意义	实验组	1.94	0.899	31.649	0.643
	对照组	1.92	0.584		

三、等级量表评定法

等级量表评定法是指通过采用数字或等级的形式评定儿童在音乐活动中的行为与表现，为进一步的描述性、分析性评价打下基础。等级量表是评价的一种工具，只要使用等级量表工具而展开的评价都是等级量表评定法。鉴于此，观察法、测试法与等级量表评定法是用不同标准划分的评价方法类型，故具有交叉性。在很多时候，观察法与测试法所使用的工具就是等级量表，这时观察法与测试法都同时是等级量表评定法；反之，等级量表评定法是离不开观察法或测试法的，等级量表评定法是通过观察或测试完成的。下面，我们以艺术教育活动过程中儿童学习品质评定为例，呈现评定儿童学习品质的一个比较简易的等级量表，如表5-18所示。

表5-18 儿童音乐集体活动学习品质领域观察记录表

评分者姓名：

姓名编号： 性别： 男 女

特征类型	观察标准	水平				
		0	1	2	3	4
好奇心与兴趣	1. 活动中，儿童是否会提出问题					
	2. 面对教师提问的反应					
	3. 回答教师提问的情况					
	4. 是否愿意跟随或按照教师的要求去做					
	5. 儿童对导入活动的反应					
主动性	1. 能否主动回答教师的提问					
	2. 面对教师的提问或要求时能否做到独立思考					
	3. 面对较难问题和困难任务时的表现					

续表

特征类型	观察标准	水平				
		0	1	2	3	4
坚持与专注	1. 活动开始时儿童的投入程度					
	2. 儿童对整个活动的专注程度					
	3. 儿童能否坚持完成整个活动任务					
	4. 在完成任务的过程中，若遇到不顺利，儿童会有怎样的表现					
想象与创造	1. 活动中儿童如何表达自己的想法					
	2. 能否观察模仿教师的示范					
	3. 活动中艺术表达水平					
合作性	1. 活动中，儿童同伴之间是否有肢体和眼神的交流					
	2. 儿童能倾听他人的谈话或关注他人的行为					
	3. 儿童能否对同伴进行积极评价					

等级量表评定法的优势：①能使教师对个别儿童或全班儿童艺术发展水平的判断具体化。等级量表评定不会给教师提供有关儿童发展水平的新信息，但确实给教师提供了儿童发展水平的具体细节。②能够快速而方便地被使用。用表格的方式，把儿童艺术或学习品质发展的各个方面全部列出来，教师只要通过观察或测试的方式打钩或打分数就行了，操作极其方便。

等级量表评定法的局限：①只适合于测定艺术知识与技能范畴的东西，意识范畴或高级心理层面的东西，很难用等级量表测定。②当教师误用等级量表时，会导致教师对儿童个性的压抑。等级量表评定从表面看像是一种达标，但当教师真的把评价目的全部指向儿童是否达标时，评价目的就异化了，它的目的走向了促进儿童艺术或个性发展的反方向。

以上是艺术综合教育集体活动中儿童学习品质的观察评价工具，教师在评价前需要完成的任务是：①理解与熟悉此工具所有指标内容的含义与打分标准。②为儿童编号并准备全程录像。

使用等级量表评定法的研究案例：

我们还是以"大班儿童音乐教育的教学实验研究"为例。此研究中关于儿童学习品质的测量是分别对实验组与对照组活动过程中儿童表现的观察测量，采用的测量工具为"儿童集体活动学习品质领域观察记录表"。研究者

对实验组与对照组儿童在每一次教学实验中的表现进行测量，对其结果进行分析总结，考察两种课程下儿童学习品质五维度的发展趋势。

（一）儿童学习品质的总体特点

儿童的学习品质是通过儿童参与学习活动体现出来的。它可以影响儿童的学习效果。所以，我们将学习品质定义为：反应儿童通过不同的方式进行学习的态度、风格、习惯等。学习品质具体包括：好奇与兴趣、主动性、坚持与注意、想象与创造、合作性五个方面。

采用单因素方差分析发现，无论是实验组还是对照组，儿童学习品质的发展方面都呈现出了一致的趋势。通过数据分析显示，实验组儿童在学习品质五维度上的发展存在显著性差异，$F (4, 65) = 48.50$，$p < 0.0010$ 对照组儿童在学习品质五维度上的发展存在显著性差异，$F (4, 60) = 19.12$，$p < 0.0010$，这说明艺术综合教育活动课例和常规艺术课程教学活动与儿童学习品质之间均存在交互作用。具体来看，实验组与对照组儿童在学习品质五维度中，好奇与兴趣得分最高，其次是坚持与注意，合作性得分最低，主动性和想象与创造得分处于中等水平。进一步多重比较显示，好奇与兴趣和坚持与注意以及主动性三者之间不存在显著性差异，且得分从高到低依次为好奇与兴趣、坚持与注意、主动性。这三个维度和想象与创造、合作性之间存在显著性差异，且得分明显高于二者。合作性和想象与创造之间存在显著性差异，想象与创造得分高于合作性得分。其具体结果如表 5-19 和表 5-20 所示。

表 5-19　实验组儿童学习品质五维度特点

品质五维度	平均数	标准差
1. 好奇与兴趣	12.32	0.32
2. 主动性	11.72	0.32
3. 坚持与注意	12.19	0.32
4. 想象与创造	8.71	0.32
5. 合作性	7.37	0.32

通过以上分析可以发现，实验组儿童学习品质的特点是好奇与兴趣得分最高，然后依次是坚持与注意、主动性、想象与创造、合作性。其中，好奇

与兴趣、坚持与注意、主动性之间没有显著性差异，其他维度间均存在显著性差异。对照组儿童学习品质的特点是坚持与注意得分最高，然后依次是好奇与兴趣、主动性、想象与创造、合作性。其中，好奇与兴趣、坚持与注意、主动性之间没有显著性差异，其他维度间均存在显著性差异。

表 5-20　对照组组儿童学习品质五维度特点

品质五维度	平均数	标准差
1. 好奇与兴趣	8.56	0.37
2. 主动性	8.48	0.37
3. 坚持与注意	8.84	0.37
4. 想象与创造	7.25	0.37
5. 合作性	7.10	0.37

（二）两种课程下儿童学习品质的比较

采用重复测量方差分析结果表明，两种课程下，儿童在学习品质上的得分存在显著差异，$F (3, 6) = 15.66$，$p<0.01$。这说明课程内容和方法与儿童学习品质之间存在交互作用，采用不同课例的儿童学习品质的表现也有很大不同。其具体结果如表 5-21 所示。

表 5-21　两组儿童学习品质的方差分析

学习品质	分组	平均数	标准差	F	DF	p
好奇与兴趣	实验组	12.32	1.56	28.01	1	0.032
	对照组	8.56	1.73			
主动性	实验组	11.72	1.11	13.07	1	0.001
	对照组	6.98	1.38			
坚持与注意	实验组	12.19	1.23	53.23	1	0.000
	对照组	8.84	1.44			
想象与创造	实验组	6.94	1.05	45.64	1	0.055
	对照组	7.25	1.08			
合作性	实验组	7.73	0.93	45.42	1	0.051
	对照组	7.10	0.89			

本研究的结果显示，在大班儿童艺术活动中，采用艺术综合教育活动课例的儿童在学习品质上的表现要好于采用常规艺术教学活动课例的儿童。

1. 好奇与兴趣

从表 5-22 可以看出，采用不同课程的儿童在"好奇与兴趣"得分上存在显著性差异，$F_{(1, 25)} = 28.01$，$p < 0.005$。好奇与兴趣平均分为实验组>对照组。实验组与对照组儿童之间差异显著。换言之，采用综合课程的实验组儿童在"好奇与兴趣"上的表现好于采用常规艺术课程的儿童。通过对数据的进一步分析，发现除"活动中儿童是否提出问题"这个因素差异不显著外，对于其他因素，实验组与对照组之间都呈现出显著性差异，且实验组儿童得分均高于对照组儿童。

表 5-22　两种课程下"好奇与兴趣"学习品质 t 检验

好奇与兴趣测试	分组	平均数	标准差	t 检验	p
1. 活动中儿童是否提出问题	实验组	0.069	0.234	−1.907	0.058
	对照组	0.079	0.312		
2. 面对教师提问时的反应	实验组	2.455	0.877	8.136	0.021
	对照组	2.875	0.994		
3. 是否愿意跟随或按照教师的要求去做	实验组	3.262	0.711	4.171	0.000
	对照组	2.381	0.836		

2. 坚持与注意

从表 5-23 可以看出，采用不同课程的儿童在"坚持与注意"得分上存在显著差异，$F_{(1, 25)} = 53.23$，$p < 0.0010$"坚持与注意"平均分为实验组>对照组，实验组与对照组儿童之间差异显著。换言之，采用综合课程的儿童在"坚持与注意"上的表现要好于常规课程的儿童。进一步的数据统计分析显示，实验组与对照组儿童在该维度的三个指标上均存在显著性差异，且实验组均分大于对照组均分。

表 5-23　两种课程下"坚持与注意"维度的 t 检验

坚持与注意测试	分组	平均数	标准差	t 检验	p
1. 活动开始时儿童的投入程度	实验组	3.032	0.837	7.354	0.000
	对照组	2.559	0.784		
2. 儿童对整个活动的专注程度	实验组	2.853	0.777	8.911	0.000
	对照组	2.230	0.844		

续表

坚持与注意测试	分组	平均数	标准差	t 检验	p
3. 儿童能否坚持完成整个活动任务	实验组	2.774	0.838	10.621	0.000
	对照组	2.019	0.849		

3. 主动性

从表 5-24 可以看出，不同课程的儿童在"主动性"得分上存在显著差异，$F(1, 25) = 13.07$，$p < 0.010$ 主动性平均分为实验组>对照组，实验组与对照组儿童之间差异显著。换言之，采用综合课程的实验组儿童的"主动性"要好于常规课程组儿童。进一步的数据统计分析显示，实验组与对照组儿童在该维度的两个指标上均存在显著性差异，且实验组均分大于对照组均分。

表 5-24 两种课程下"主动性"维度的 t 检验

主动性测试	分组	平均数	标准差	t 检验	p
1. 面对教师的提问或要求时能否做到独立思考	实验组	3.218	0.665	17.609	0.000
	对照组	2.246	0.743		
2. 面对较难问题或困难任务时的表现	实验组	3.286	0.678	16.194	0.000
	对照组	2.274	0.870		

4. 想象与创造

从表 5-25 中可以看出，采用不同课程的儿童在"想象与创造"得分上不存在显著差异，$F(1, 25) = 45.64$，$p > 0.050$ "想象与创造"平均分为实验组<对照组，实验组与对照组儿童之间差异不显著。换言之，两种课程在发展儿童"想象与创造"品质上没有显著的差异。通过对数据的进一步统计分析发现，实验组与控制组在该维度两个指标之间均没有显著性差异，平均分上也无太大差异，所以可以认为课程在促进儿童"想象与创造"维度上没有明显差异。

表 5-25 两种课程下"想象与创造"维度的 t 检验

想象与创造测试	分组	平均数	标准差	t 检验	p
1. 能否观察模仿教师的表演行为	实验组	3.976	0.758	13.344	0.083
	对照组	3.833	0.840		

续表

想象与创造测试	分组	平均数	标准差	t 检验	p
2. 活动中儿童"表演"时的表现	实验组 对照组	3.953 3.845	0.791 0.727	13.013	0.052

5. 合作性

从表5-26中可以看出，采用不同课程的儿童在"合作性"得分上不存在显著性差异，$F(1, 25) = 45.42$，$p>0.050$"合作性"平均分为实验组>对照组。实验组与对照组儿童之间差异不显著。换言之，两种课程在发展儿童"合作性"品质上没有显著差异。通过具体的数据分析发现，实验组与对照组儿童在"合作性"维度上的三个指标均不存在显著性差异，即两种方法对于促进儿童"合作性"方面的发展是同质的。

表5-26 两种课程下"合作性"维度 t 检验

合作性测试	分组	平均数	标准差	t 检验	p
1. 活动中儿童与同伴之间是否有眼神的交流	实验组 对照组	2.655 2.683	0.858 0.856	10.291	0.533
2. 儿童能倾听他人的谈话或关注他人的行为	实验组 对照组	2.685 2.611	0.651 0.786	10.599	0.352
3. 儿童能否对同伴进行积极评价	实验组 对照组	1.378 1.358	0.859 0.726	9.281	0.632

参考文献

［1］潘健，张孜，岳彩晨．学前儿童音乐教育［M］．西安：西北工业大学出版社，2015.

［2］王玉华，张小永，李倩，等，学前儿童音乐教育［M］．沈阳：辽宁大学出版社，2014.

［3］赵中玉．学前儿童音乐教育［M］．北京：中央广播电视大学出版社，2014.

［4］许卓娅．学前儿童音乐教育［M］．北京：人民教育出版社，2010.

［5］黄瑾．学前儿童音乐教育［M］．上海：华东师范大学出版社，2001.

［6］江西省教师招聘考试辅导用书编写委员会编．儿童教育综合知识［M］．南昌：江西高校出版社，2017.

［7］宋薇．学前儿童音乐教育与培养［M］．北京：现代出版社，2019.

［8］索丽珍，林晖，高妍苑．学前儿童艺术教育［M］．重庆：重庆大学出版社，2020.

［9］郭亦勤，王麒．学前儿童艺术教育活动指导［M］．上海：复旦大学出版社，2014.

［10］赵静．音乐学前教育的教学理论与实践指导［M］．北京：中国书籍出版社，2018.

［11］高杰英，刘志华．钢琴艺术的多维度研究［M］．沈阳：东北大学出版社，2015.

［12］曹冬．学前儿童音乐教育活动指导［M］．北京：中国铁道出版社，2015.

［13］张丽俊．学前儿童艺术教育活动设计与实践［M］．长春：东北师范大学出版社，2016.

［14］陈玉丹．音乐教学论［M］．北京：高等教育出版社，2003.

［15］程煜．音乐课程与教学论［M］．广州：广州高等教育出版社，2014.

［16］高慎英，刘良华．有效教学论［M］．广州：广东教育出版社，2004.

［17］瞿葆奎．中国教育改革［M］．北京：人民教育出版社，1991.

［18］廖乃雄．论音乐教育［M］．北京：中央音乐学院出版社，2010.

［19］马达．音乐教育科学研究方法［M］．上海：上海音乐出版社，2005.

［20］马东风，张瑾．音乐教育理论与科研方法论［M］．北京：中国言实出版社，2014.

［21］吴文漪．音乐教学新视角［M］．北京：人民教育出版社，2007.

［22］吴跃跃．新版音乐教学论［M］．长沙：湖南文艺出版社，2005.

［23］谢嘉幸，郁文武．音乐教育与教学法［M］．北京：高等教育出版社，2006.

［24］谢祥清，杨曼英．素质教育教程［M］．长沙：湖南师范大学出版社，2007.

［25］殷瑛，刘阳琼．中国高师音乐教育［M］．湘潭：湘潭大学出版社，2016.

［26］尹红．音乐教学论［M］．重庆：西南师范大学出版社，2002.

［27］雍敦全．音乐教学法［M］．重庆：西南师范大学出版社，2016.

［28］余人豪．音乐学概论［M］．北京：人民音乐出版社，1997.

［29］张前．音乐欣赏心理分析［M］．北京：人民音乐出版社，1983.

［30］朱咏北，孙红成．音乐课程论［M］．北京：中国财富出版社，2014.

［31］克莱南．音乐教育学与音乐社会学［M］．金经言，译．北京：中央音乐学院出版社，2008.

［32］戴维·埃里奥特．关注音乐实践：新音乐教育哲学［M］．齐雪，赖达富，译．上海：上海音乐出版社，2009.

［33］贝内特·雷默．音乐教育的哲学［M］．北京：人民音乐出版社，2003.

［34］毕雪梅，徐升，李润生．音乐教育导论与教学法［M］．北京：高

等教育出版社，2017.

[35] 曹理．音乐学科教育学［M］．北京：首都师范大学出版社，2002.

[36] 陈蓉．音乐教学法教程［M］．上海：上海音乐学院出版社，2013.

[37] 陈维．达尔克罗兹、柯达伊及奥尔夫音乐教学体现之比较
［J］．乐器：2010（4）：101-106.

[38] 威廉·凯勒．奥尔夫学校音乐教材（入门）［M］．金经言，译.
上海：上海教育出版社，2003.

[39] 李姐娜，修海林，尹爱青．奥尔夫音乐教育思想与实践［M］．上
海：上海教育出版社，2009.

[40] 曹理．普通学校音乐教育学［M］．上海：上海教育出版社，1993.

[41] 黄瑾．学前儿童音乐教育［M］．上海：华东师范大学出版
社，2006.